行政程序违法的司法审查标准

The Judicial Review Standard of
Administrative Procedure Violation

殷玉凡 著

人民出版社

责任编辑:张　立
封面设计:胡欣欣
责任校对:陈艳华

图书在版编目(CIP)数据

行政程序违法的司法审查标准/殷玉凡 著. —北京:人民出版社,
　2018.11
ISBN 978－7－01－020208－2

Ⅰ.①行…　Ⅱ.①殷…　Ⅲ.①行政程序法-司法监督-标准-
研究-中国　Ⅳ.①D922.114-65

中国版本图书馆 CIP 数据核字(2018)第 283013 号

行政程序违法的司法审查标准
XINGZHENG CHENGXU WEIFA DE SIFA SHENCHA BIAOZHUN

殷玉凡　著

人民出版社 出版发行
(100706　北京市东城区隆福寺街 99 号)

北京新华印刷有限公司印刷　新华书店经销

2018 年 11 月第 1 版　2018 年 11 月北京第 1 次印刷
开本:710 毫米×1000 毫米 1/16　印张:16
字数:165 千字

ISBN 978－7－01－020208－2　定价:69.00 元

邮购地址 100706　北京市东城区隆福寺街 99 号
人民东方图书销售中心　电话 (010)65250042　65289539

目　录

导　论

一、本书中司法审查标准的概念

王名扬先生在其著作《美国行政法》中指出："司法审查中最基本的问题是确定事实和解释及适用法律。因为法律在授权行政机关采取行动时，必须同时规定行政机关采取行动必须具备的法律基础和事实基础。任何行政行为都建筑在行政机关对该行为的法律结论和事实裁定的基础之上，所以法院主要针对这两个问题进行审查。区别事实问题和法律问题，对他们适用不同的审查标准，这是美国司法审查的主要原则。"①我国司法审查实践中同样遵循司法审查的基本规律。即司法审查包括两个方面的审查：事实认定的审查和法律适用的审查。具体到我

---

① 王名扬：《美国行政法》，中国法制出版社2005年版，第672页。

国行政程序违法的司法审查,无论是旧《行政诉讼法》实施过程中的司法审查,还是新《行政诉讼法》实施后的司法审查,首先碰到的是司法审查中法律的适用标准问题——判决的适用标准。

基于本书的写作的直接目的是,为解决行政程序违法司法审查中判决适用标准,即行政程序违法到达法律规定的何种标准,判决才确认无效或判决撤销或确认违法;根本的主旨是,通过设置合理且明确的法律标准,使得行政程序的独立价值获得真正的保障与实现,从而推进我国程序法治的进程。在这个意义上,本书中的司法审查标准与判决的适用标准是相同内涵的不同角度的表达。司法审查标准是从法律应然性规定的角度进行表述,判决适用标准是从裁判方式的角度进行表述。对于事实问题的审查标准,本书中称之为事实的认定标准,主要用来判断行政程序制度功能实现与否的事实时才具有自身的独立意义,因而,对于事实的认定标准并非本书研究的核心问题。

二、问题的提出

行政程序违法司法审查的标准应当是什么?这个标准设置的是否合理且明确,直接关系到行政程序独立价值能否获得司法权应有的保障和维护,关系到当事人的程序性权利能否得以真正实现,关系到行政程序制度制约行政权力"恣意"性行使的功能能否有效发挥。现有的学术研究,基本上都未脱离旧《行政诉讼法》实施过程中司法能动主义设定的司法审查的价值取向，即行政程序违法司法审查标准的重心不在行政程序价值本身的独立性，而在于行政程序所服务的结果。学术研究上提出的主要程序、次要程序、强制性程序、裁量性程序、外部行政程序、内部行政程序、重要行政程序等观点，非但没能为行政程序价值于行政程序违法司法审查中赢得自己应有的独立性地位；相反，却在理论上进一步正当化了司法实践中以实体结果为重心并辅以重要行政程序的裁量性审查标准。学界对司法实践中引进"程序瑕疵"合理性的论证便是典型的例证。

新《行政诉讼法》第 74 条增加确认违法判决的规定，本在回应司法实践中对行政效率与程序经济的关注，问题在于该条款的法律含义模糊。就笔者对新《行政诉讼法》实施后行政审判案例的追踪与观察看，以实体结果为重心并辅以重要行政程序的裁量性审查标准仍是行政审判实践中的主流审查标准。例如"王喜瑞与九台市公安局等行政处罚上诉案"①中，一审和二审法院均认为，九台市公安局在作出行政处罚决定后，未按法定程序履行向家属告知义务，此程序违反相关法律规定，但不影响九台市公安局对王喜瑞作出的行政处罚决定的效力，因此判决确认该行政处罚决定违法。本案中，行政处罚机关未依《治安管理处罚法》第 97 条规定，履行告知当事人家属的程序义务，侵犯当事人家属获得告知的程序权利。再如"凤台县人民政府诉

---

① （2015）长行终字第 61 号。

吴喜元等 39 人土地征收案"①中,一审和二审法院均认为,征地方案获批后,被告虽然履行了公告的法定职责,但因其未能提供有效证据证明其在法定时限内已进行公告,应当认定其公告程序轻微违法,鉴于原告已知晓公告内容并提起诉讼,重新公告没有实际意义,因此判决确认被告凤台县人民政府发布(2014)第5号《凤台县人民政府征收土地公告》行为违法。本案判决中行政机关未为公告不仅侵犯了当事人的知情权,同时也存有对原告实体权利产生实际影响嫌疑。

司法实践中的案例表明,该条规定因其含义的模糊性,将使司法实践中行政程序违法司法审查延续着旧法实施过程长期存在的行政程序违法司法审查标准(独立于实体的标准)不确定的难题。

三、本书的研究路径

本书在遵守新《行政诉讼法》既有规定可能性的范畴内,努力从以下几个方面突破现有的学术研究与司法实践对行政程序违法司法审查采取的"司法能动主义"裁量性审查标准。

(一) 确立行政程序违法多元判决类型

德国学者李斯特以及我国学者陈兴良的研究表明,行为违

---

① (2015)淮行终字第 00020 号。

法性存在两种情形的理解,一种是形式违法性,另一种是实质违法性。实质违法性指向的是行为对价值的侵害。本书借鉴相关学者对实质违法性论题的研究成果,指出程序违法性本质上是指行政行为因不遵守法律规定的程序而对行政程序价值的侵害。

新《行政诉讼法》改变了旧《行政诉讼法》关于行政程序违法一元化的判决方式,该法第 74 条增设确认违法判决。虽然这一规定在制定法层面上"屈从"行政效率与程序经济的现实要求,从而于客观上"弱化"了行政程序价值的独立性,但是它也指引了寻觅"多元化"判决形式存在共性的方向。本书通过对新法第 75 条规定作扩张性解释,并结合既往的司法审判案例,展示了行政程序违法判决确认无效的可能性,进而指出确认无效判决、撤销判决、确认违法判决存在的共性基础是程序违法性。三种判决类型的不同点在于程序违法性程度的不同。也就是说,新法是根据行政程序违法性程度的不同而设置相应的判决类型。这一研究结论为我们从行政程序价值自身探求程序违法性程度"度"的标准奠定了坚实的基础。

（二）行政程序违法程度的区分标准

既然新法规定中的多元判决类型共同基础是程序违法性,那么判断程序违法性程度的标准必然来自于行政程序价值自身的损害程度,表征为行政执法实践中行政程序制度功能的实现程度。本书通过对行政程序价值于法律上的实现路径进行研究,发现行政程序价值的实现与行政主体的程序义务以及行政相对人的程序权利密切相关。行政主体程序义务的履行与行政相对人程序权利的实现都表征着行政程序制度价值的实现。因此,行政主体程序义务的履行程度与当事人程序权利的实现程度天然地成为行政程序违法性程度法律上的衡量标准。程序权利标准是明确的,但是程序义务自身无法成为程序违法性的衡量标准。

根据学者关保英、李牧、王锡锌、刘鹤、崔卓兰、何海波、姜明安等的研究,行政主体的程序义务并非与相对人的程序权利一一对应,原因在于行政程序关系既包括有相对人参与的外部程序关系,又包括没有相对人参与的内部程序关系。因此,行政主体的程序义务除了对应当事人的程序权利之外,还对应着其他参与主体(行政主体)程序上的权力。在这个基础上,笔者提出了行政程序违法性程度的第二个标准,即程序越权标准。

对于正当程序原则的司法适用问题,本书通过程序权利与正当程序权利的链接,从而提出,当我们对正当程序原则的内涵作必要的限定,并且将之理解为一种程序权利时,则正当程序原则即可通过对新法第74条程序权利的解释路径,适用于我国行政程序违法的司法审查中,且能在一定程度上缓解正当程序原则的适用与现行政治体制相冲突的紧张。

(三) 行政程序违法司法审查中的事实认定标准

本书的研究重点是行政程序违法的司法审查标准,也即多元判决类型适用的法律标准。但是,在具体个案审查中,这些标准如何具体应用到个案审查中,势必涉及实践中对行政程序制度功能实现程度的事实认定问题。对于这个问题笔者主张借鉴美国司法审查中的实质性证据认定标准予以解决。

第一章

司法审查标准的困境：难题的延续

行政程序违法司法审查中，对程序违法行政行为采用何种判决类型，直接关系到被诉行政行为效力的存废。因而，在行政程序违法司法审查中，法律为不同判决类型设定怎样的法律上的适用标准必然会成为行政诉讼参与各方关注的焦点。就不同判决类型的法律上的适用标准而言，其意义不仅在于形式上它表征着被诉行政行为效力的存废，更重要的在于它标示着一国司法权对行政程序独立价值的保障和维护程度，对相对人权利的保护程度，以及司法权对行政权的监督与制约的强度。概言之，行政程序法治、行政程序正当与行政程序违法的司法审查标准密切关联。

第一节　旧法实施过程中司法审查标准的演变

一、归属"违反法定程序"的标准

1989 年《中华人民共和国行政诉讼法》第 54 条第 2 项规定:"具体行政行为有下列情形之一的,判决撤销或者部分撤销,并可以判决被告重新作出具体行政行为:(1)主要证据不足的;(2)适用法律、法规错误的;(3)违反法定程序的;(4)超越职权的;(5)滥用职权的。"由此开始,"法定程序"遂成为我国行政程序违法司法审查中一个极为重要的法律概念。但是,这个概念的确切内涵是什么,是其字面含义指向的法律所规定的程序即为法定程序还是另有特指? 自 1989 年《行政诉讼法》颁布实施以来,未曾有过一个权威性的立法解释、行政解释又或是司法解释,对之作出明晰的界定。由于对法律规定的某一程序环节的违反是否构成对法定程序的违反,直接关系到该行政行为是否将被法院判决撤销,关涉行政效率的维护、原告权益的保护与行政程序正当性的实现,所以,界定何谓"法定程序"也就成为学界与实务界共同关注的焦点问题。

早期,曾有学者将程序违法定义为:"所谓行政程序违法,主要是指行政行为违反法定程序,即行政机关实施行政行为违反法律、法规和具有法律效力的行政规章规定的行政行为应遵循的步骤、顺序、形式和时限,未遵循法定操作规程的任意行为。"①该定义表明"法定程序"即为法律所规定的行政程序。1991 年 6 月 16 日,陈迎春不服离石县公安局收容审查案中,离石县人民法院行政判决书中认为:"3 月 10 日,被告已决定对原告收容审查,并填写了《收容审查通知书》,可是在执行时不向原告出示,出示的却是公安机关……'传唤证'。被告的上述行政行为,依照《行政诉讼法》第 54 条第 2 项第 3 目,是违反法定程序的。"②故判决撤销。从该案裁判理由看,被告除了误将传唤证当《收容审查通知书》外,再无其他方面的违法情形。此案例为笔者所收集到的最早的能印证"违反法定程序"即为"程序违法"字面含义的行政审判案例。

司法实践中,"法定程序"即为法律所规定的行政程序的认识并未被司法机关维持太长时间。1993 年 3 月 19 日,"李文堂不服桂林海关因走私行为对其行政处罚决定案"中,二审广西壮族自治区高级人民法院于终审判决书中认为:"误将上诉人自称的籍贯、职业情况写入决定书中,这是工作上的失误。但是,在此案中,这种失误不会导致被处罚对象有错误,也不会导致行政处罚决定不合法。"③此案中,法院认为,书写错误非为程序违法。1994 年 10 月 7 日,福建省地方电力福州经营部诉福建省广播电视厅、公安厅、国家安全厅行政处罚决定案中,福州

---

① 罗豪才:《中国司法审查制度》,北京大学出版社 1993 年版,第 382 页。

② 最高人民法院公报编辑部编审:《最高人民法院案例全集》(1985—2001 年),中国民主法制出版社 2001 年版,第 1291 页。

③ 最高人民法院中国应用法学研究所编:《人民法院案例选》(1992—1999 合订本,行政卷上),中国法制出版社 2000 年版,第 421 页。

市中级人民法院经审理认为，被告的行政处罚决定适用法律正确，其对原告所作的实体处理部分并无不当，但被告的行政处罚决定书于1993年9月22日即已作出，至10月15日才送达被告，其行为违反了《福建省行政执法程序规定》第35条的规定，①应以指正。② 该案中，法院认为，未及时送达，但不影响实体权利，不为违反法定程序。1995年7月6日，中国亚太贸易总公司诉宝鸡市工商局行政处理决定案，一审陕西省高级人民法院于行政判决书中认为："被告在实施扣押中、封存和行政强制措施后，不给原告出具扣押、封存手续不符合执法程序的规定，虽然在整体上不影响行政强制措施的成立，但应在以后的行政执法中引以为戒。"二审最高人民法院则回避对这一程序争议发表看法，而于1996年4月作出维持一审判决。③ 该案中，一审、二审法院皆认为，行政执法过程中未履行法律规定的出具扣押、封存程序步骤非为程序违法。从上引案例的裁判理由中不难看出，司法实践中，法官们悄悄地以程序经济为由，修正了"法定程序"的字面含义，"限缩"了1989年《行政诉讼法》第54条规定的撤销权于行政程序合法性审查中的运用。

学界对司法实践中的变化作出了较为积极的反应，且从理论上给出阐释与论证。就笔者所查阅的文献资料看，学者章剑

---

① 该规定第35条第一款："行政处罚决定书应在作出处罚决定之日起的五日内送被处罚人，送达时生效。"

② 最高人民法院中国应用法学研究所编：《人民法院案例选》（1992—1999年合订本，行政卷上），中国法制出版社2000年版，第655页。

③ 最高人民法院中国应用法学研究所编：《人民法院案例选》（1992—1999年合订本，行政卷上），中国法制出版社2000年版，第309页。

生最早提出程序违法司法审查中主要程序与次要程序、强制性程序与任意性程序、外部程序与内部程序等各种界定法定程序的学术观点。① 其后,在诸多研究法定程序问题的学者中,尤以应松年、杨小君两位学者共同的研究成果最为全面深入。两位学者共同提出了界定法定程序的六项具体标准:即(1)法律明确规定必须遵守或不得违背的程序是法定程序。此种程序是立法者明确表达的,要求执法者必须遵守且不得违背。常见情形如:《行政处罚法》第49条的规定、《公安机关办理行政案件程序规定》第26条的规定、《环境影响评价法》第25条的规定等。(2)行政行为的形成程序是法定程序。一个行政行为的形成必经若干个法定步骤,缺少某一步骤则该行为不成立。如《治安处罚条例》第43条的规定、《行政许可法》第42条的规定。(3)与法律制度的目的及原则相关的程序是法定程序。如《行政处罚法》第33条、第34条的规定;《政府采购法》第28条、第34条、第38条的规定。(4)有关真实性和正确性的程序是法定程序。如《公安机关办理行政案件程序规定》第54条、第55条的规定。(5)直接涉及利害关系人权益的程序是法定程序。如《行政许可法》第36条的规定、《土地管理法》第46条的规定。(6)有关行政基本秩序的程序是法定程序。② 当我们仔细分析这六项标准时就会发现,除了第一项与第五项为法律明文规定

①　章剑生:《论行政程序违法及其司法审查》,载《行政法学研究》1996年第1期。
②　参见应松年、杨小君:《法定行政程序实证研究》,国家行政学院出版社2005年版,第76—90页。

而无争议性外,其他四项都存有较强的主观裁量性因素。学界有关法定程序的争论虽未能为司法实践给出一个一望可知、可操作的判断标准,但这一争论于学界似乎形成了一个共识,即1989年《行政诉讼法》第54条所规定的"法定程序"是个特指的法律概念,它不等同于法所规定的所有程序,而仅是指向法所规定的部分程序,"行政行为构成违反法定程序的,是行政行为违反法所规定的程序达到了一定的程度,或者具有一定的严重违法性质。"①"法定程序是行政程序中的重要程序,具有不可违背的性质,违反该程序要求的行政行为,足以构成违法并应当予以撤销或者确认违法。法定程序的这种不可违背性,是该程序在法律上的地位和作用所决定的。也正是因为这些地位和作用不仅仅是事实上、客观上的地位和作用,更是法律上的地位和作用,是由法律设定的该项程序内容并赋予了该程序内容法律上的效力,所以,我们称之为法定程序。"②

鉴于"法定程序"内涵上的不确定性,同时亦为回应司法实践中行政审判需要考虑行政效率与程序经济,1999年《最高人民法院关于执行〈行政诉讼法〉若干问题的解释》(以下简称《若干解释》)的第40条、第41条、第56条为司法实践中行政程序违法司法审查的标准突破《行政诉讼法》第54条刚性规定开了一个隐蔽的"口子":法官们在面对行政程序违法案件时,不再

---

① 应松年、杨小君:《法定行政程序实证研究》,国家行政学院出版社2005年版,第70页。

② 杨小君:《行政诉讼问题研究及制度改革》,中国人民公安大学出版社2007年版,第483页。

为是否必须适用1989年《行政诉讼法》第54条犯愁,而是转而可以公开援引2000年3月10日施行的《若干解释》第56条的相关规定,对实体正确,程序有"瑕疵"或"无不当"的程序违法行政行为,判决驳回原告诉讼请求;援引《若干解释》第41条的规定,淡化对教示权的审查;援引《若干解释》第40条的规定,淡化了对于送达环节的审查。

至此,"法定程序"是行政行为违反法所规定的程序达到了一定的程度,或者具有一定的严重违法性质的认识从反方向上获得了"法律"形式上的间接确认,成为人民法院对行政程序进行合法性审查时"约定俗成"的标准。但在制定法层面上,"法定程序"标准的确切内涵为何,直至2014年《行政诉讼法》的修改仍然是一桩"悬案"。

二、不属"违反法定程序"的标准

(一)"程序瑕疵"概念的由来

"程序瑕疵"作为一个法律上的概念,在我国最早进入"法"的范畴始于2008年《湖南省行政程序规定》第164条第一款第四项的规定。① 据此可以判断,2008年以前,程序瑕疵并非我国实证法上的术语概念。故从严格的法律意义上讲,司法实践中

---

① 该规定第164条第一款规定:"具有下列情形之一的,行政执法行为应当予以补正或者更正:(一)未说明理由且事后补充说明理由,当事人、利害关系人没有异议的;(二)文字表述错误或者计算错误的;(三)未载明决定作出日期的;(四)程序上存在其他轻微瑕疵或者遗漏,未侵犯公民、法人或者其他组织合法权利的。"

很长一段时间内使用的"程序瑕疵"术语并不是我国制定法上的概念,而是一个外来的引进概念。在笔者收集到的资料中,"程序瑕疵"这一术语最早出现于1958年《西班牙程序法》的第48条规定中。①

由于学界引进并提出的主要程序、次要程序或强制性程序、裁量性程序又或内部程序、外部程序等"法定程序"等学术见解,不能为行政审判实践提供一个实用的、操作性强的判断标准,以应对行政执法实践中姿态万千的违反法律规定程序的情形;司法审判实践中亟需一个术语来正当化人民法院基于程序经济性考虑而为的"裁量性"的裁判理由。"程序瑕疵"这个源于欧洲大陆法系国家行政程序法中的术语正是应这样的需求而进入我国法官的视野。1998年2月20日判决的"黄义侗等四人不服福清市港头镇人民政府关于占用耕地建造坟墓的行政处理决定案"是笔者收集到的最早于裁判文书中出现"程序瑕疵"概念的案例,二审福州市中级人民法院认为:"但被诉《处理决定》未直接引用上述行政法规的具体规定并直接引用福清市政府的《公告》,属具体行政行为的瑕疵。"②《若干解释》的出台为"程序瑕疵"的普遍援用提供了法理上的间接支持。如2000年11月8日判决的"南京市煤气总公司不服江苏省工商局行政处罚再审案",江苏省高院认为:"省工商局在已就本案基本事实、

① 应松年主编:《外国行政程序法汇编》,中国法制出版社1999年版,第216页。
② 参见最高人民法院中国应用法学研究所编:《人民法院案例选》(1992—1999年合订本,行政卷上),中国法制出版社2000年版,第581页。

理由、依据予以告知的前提下,该部分证据未予告知,可视为程序瑕疵。"①又如2000年11月21日判决的"宜昌市妇幼保健院不服宜昌市工商管理局行政处罚决定案",湖北省宜昌市西陵区法院认为:"被告工商局制作的行政处罚决定书,虽然只载明违法事实,没有按照《中华人民共和国行政处罚法》的规定载明认定这些事实的证据,但这些证据在进行处罚时已经存在,并且原告妇幼保健院只对事实的定性有异议,并不否认事实本身的存在。这说明行政处罚决定书存在着制作不规范、内容不规范的问题。""虽然存在着制作不规范的问题,但不构成违反法定程序。"二审宜昌市中级人民法院认为:"工商局作出的处罚决定中没有载明据以认定保健院违法行为存在的证据名称,使其处罚决定书的内容不完备,是行政行为的轻微瑕疵。工商局的这一行为瑕疵没有达到侵害行政管理相对人合法权益的程序,不影响其处罚决定的有效成立,因此不能认定工商局的行政行为程序违法。"②再如,2001年10月9日判决的"上海哈德贸易有限公司不服镇江质量技术监督局标准管理行政处罚案"中,二审镇江市中级人民法院认为:"对被上诉人送达封存通知书时,未将该通知书中'登记保存'四个字划去属于行政执法中的瑕疵,并不构成处罚程序违法。"③从上述判例中我们不难看出,

---

① 江苏省高级人民法院行政判决书(2000)苏行再终字第7号。

② 最高人民法院公报编辑部编审:《最高人民法院案例全集》(1985—2001年),中国民主法制出版社2001年版,第1363页。

③ 国家法官学院、中国人民大学法学院主编:《中国审判案例要览》,中国人民大学出版社2003年版,第749页。

人民法院意将某些程序上虽然违反法律的规定但不损害相对人合法权益(实体权利)的情形归属程序瑕疵,而不认为其归属违反"法定程序"。

程序瑕疵不是我国实证法上的术语概念,为何它却可以成为司法机关据以判断是否归属"法定程序"的否定性标准,且为我国最高司法机关所认可? 早在 2000 年就有学者刊文提及德国与我国台湾地区行政程序规定中的程序瑕疵。[①] 2001 年有学者以"南京市煤气总公司不服江苏省工商局行政处罚再审案"的判决为例,刊文分析该案判决理由中的"程序瑕疵"并论证司法实践中采用这一术语的合理性。该文将程序违法(广义)分为程序违法(狭义)和程序瑕疵两种情形。程序违法(狭义)由于其对行政程序的根本性违反而导致行政行为无效或被撤销;程序瑕疵是其对程序的次要性或细节性违反,无需撤销,可以采取补正或转化的方式加以补救。在此基础上,该文进一步提出了归属"程序瑕疵"的三个判断标准:(1)损害相对人合法权益的程度,即没有或轻微地损害当事人的合法权益时,为了维护既存的社会秩序,在不动摇社会基本公正的前提下可视为程序瑕疵而不必撤销。(2)对公共利益的影响程度,程序违法依法虽应予撤销,但撤销将大大降低行政效率或大大提高行政成本时,则可以不予撤销。(3)从程序公正与实体公正的关系来看,如果遵守这种程序也不会对行政行为决定产生任何影响的话,那

---

　　① 饶常林、常健:《行政程序违法的司法审查》,载《云南行政学院学报》2000 年第 6 期。

么一个行政决定可不因违反一个有关形式与程序的规定而被宣布无效。① 在不争论程序的独立价值前提下,该学者提出的判断是否归属程序瑕疵的标准(1)和标准(3)看,这两个标准无疑对至少是自1993年以来人民法院进行程序违法司法审查时司法实践的立场作了清晰的说明,同时也为司法实践中人民法院的立场作了很好的理论上的正当化论证。新近有学者通过对诸多司法案例中"程序瑕疵"类型的分析,在既有理论成果的基础上,进一步提出了不影响当事人重要程序性权利的标准。重要程序性权利被用来限制人民法院对那些行政行为程序违反法律规定但不影响相对人合法利益情形定性的裁量性空间,可谓意义重大。但遗憾的是该文作者仅止于将重要程序性权利等同于前人所言的主要或重要程序制度,重回程序违法司法审查裁判标准不确定的老路。② 司法案例与学理研究均表明,如果说"法定程序"是从正面划定行政程序违法可予撤销的范围,那么"程序瑕疵"则意从反向划定不归属违反"法定程序"的情形,"法定程序"与"程序瑕疵"是程序违法司法审查中判定是否予以撤销的一对相反方向的司法审查标准。

(二)"程序瑕疵"标准的滥用及其负面影响

问题在于,我国司法实践中所"创新"的否定性的"程序瑕

---

① 陈莹莹:《程序瑕疵与程序公正——江苏省工商局处罚南京市煤气公司行政诉讼案评析》,载《法学》2001年第7期。

② 陈振宇:《"不予撤销的程序违反行为"的司法认定》,载《上海政法学院学报》(法治论丛)第27卷第3期,2012年5月。

疵"标准在满足程序经济与行政效率的要求同时也给程序法治带来了巨大的负面影响。

首先,程序瑕疵优先考虑实体结果,将程序价值绑定并依附于实体结果价值,以结果衡量、评判程序,是对程序思维方式的颠覆,导致的后果必然是程序独立价值的重要性下降。其次,程序瑕疵同样面临着对程序制度及程序价值重要性的衡量,裁量与不确定性不可避免,司法实践中的程序瑕疵标准无力也不可能为程序违法划出一个泾渭分明的界限。这就必然导致司法实践中"司法裁量"的"乱象丛生"。例如,"罗绍祥诉禄丰县公安局行政处罚上诉案",2000年5月31日禄丰县公安局金山镇派出所作出给予罗绍祥行政拘留15日的行政处罚告知通知书,且于6月1日送达。当日,禄丰县公安局根据《中华人民共和国治安管理处罚条例》第8条、第22条的规定,对原告作出13天的行政拘留决定。一审以处罚程序基本合法,维持了禄丰县公安局行政处罚决定。二审认为,金山镇派出所无权作出给予上诉人罗绍祥15日的行政拘留处罚决定,故金山镇的处罚告知书和送达无效;禄丰县公安局行政处罚未另行告知,违反了《中华人民共和国行政处罚法》第31条的规定,禄丰县公安局行政处罚程序违法。故判决:撤销一审判决;撤销禄丰县公安局于6月1日作出的治安管理处罚决定书。① 又如,"新疆维吾尔自治区地方税务局稽查局与新疆瑞成房地产开发有限公司税务行政处罚

---

① 参见杜晓智、杜一超、王霁霞编著:《典型行政类改判案例精选》,中国法制出版社2005年版,第74页。

案"中,一审法院认为"税务局在向瑞成房地产开发公司发出税务检查通知时,未告知瑞成房地产开发公司享有申请回避的权利,违反法定程序"。二审认为"上诉人虽未履行该告知义务,但亦未发现上诉人税务局的行政执法人员存在应当回避的情形,故上诉人税务局在该案执法过程中存在程序瑕疵。原审法院认定上诉人税务局未履行告知瑞成房地产开发有限公司享有申请回避的权利违反法定程序欠妥,本院予以纠正"①。最后,程序瑕疵标准事实上为行政"干预"司法甚至是司法为行政"服务"创造了巨大的灰色空间。司法实践中,法院或法官以"程序瑕疵"作出有利于行政机关的判断,严重冲击着司法的公信力与权威性。

(三) 我国司法实践中"程序瑕疵"滥用的根源

1. 对德国"程序瑕疵"理论的误解

德国行政程序法上的瑕疵理论一般在行政行为的标题下讨论,即行政行为瑕疵,瑕疵的程度标示着对行政行为合法性的不同判断。《联邦行政程序法》采用明显瑕疵理论,将行政行为瑕疵划分为:导致行政行为无效的瑕疵;一般违法的行政行为;部分违法;不正确的行政行为;不合目的的行政行为。②

就程序瑕疵而言,以法律后果为标准分类,则有无效的瑕疵

---

① 来源中国裁判文书网,(2014)乌中行终字第 95 号。
② 参见[德]汉斯·J.沃尔夫·奥托·巴霍夫·罗尔夫·施拖贝尔:《行政法》(第二卷),高家伟译,商务印书馆 2002 年版,第 82—85 页。

(《联邦行政程序法》第 44 条)、可补正的瑕疵(《联邦行政程序法》第 45 条)、可更正的瑕疵(《联邦行政程序法》第 42 条)、不影响实体决定的程序瑕疵(《联邦行政程序法》第 46 条)。① 程序瑕疵对应行政行为的法律效果如下:(1)无效的瑕疵,无效瑕疵有两类。第一类为绝对无效的瑕疵,即《联邦行政程序法》第 44 条第 2 款的规定,违反此类程序情形的,行政行为绝对无效,不取决于造成瑕疵理由的明显性;第二类为相对无效的瑕疵,即《联邦行政程序法》第 44 条第 3 款的规定,违反此类程序情形的并不必然导致行政行为效力的无效,而取决于瑕疵的明显性理由是否成立。(2)可补正的瑕疵,即《联邦行政程序法》第 45 条第 1 项规定

---

① 　参见德国《联邦行政程序法》(2013 年 6 月修改),第 44 条:1.行政行为具有严重瑕疵,该瑕疵按所考虑的一切情况而明智判断为明显者,行政行为无效。2.不需具备第 1 款要件,下列者为无效行政行为:(1)虽已书面作出,但作出的行政机关却未表明该行为由谁作出;(2)根据法规,行政行为仅可以交付一定的文书方式作出,而未交付文书的;(3)行政机关在第 3 款第 1 项所列权限之外作出的行政行为,且未得到授权;(4)基于事实理由不能实施的行政行为;(5)行政行为的完成以违法行为为要件,该违法行为构成犯罪或罚款事实要件;(6)违反善良风俗。3.行政行为不因下列原因而无效:(1)未遵守地方管辖权的规定,但第 2 款第 3 项的情况除外;(2)根据第 20 条第 1 款第 2 至 6 项规定应回避的人未回避的;(3)法规规定应共同参与的委员会,未作出颁布行政行为所需的决议,或不具决议资格的;(4)根据法规,需要另一行政机关参与,而其未参与的。第 45 条:1.不导致第 44 条规定无效的对程序或形式的违反,在下列情况中视为补正:(1)事后方提交引起行政行为所需的申请;(2)事后提出所需的说明理由;(3)事后补作对参与人的听证;(4)须协作的委员会,事后作出行政行为所需的决议;(5)其他行政机关补作其应作的共同参与。2.第 1 款第 2 至 5 项所列的行为,仅允许在前置程序结束前,或未提起前置程序时,在行政诉讼事实审程序终结前补作。3.行政行为未附其必需的理由说明,或在作出行政行为之前未按要求听取参与人意见,以致其不能及时对行政行为表示复议的,未遵守法律救济期限视为无过错。按第 32 条第 2 款规定恢复期限所依之事实,以补作原未作的程序行为的时刻为开始。第 42 条:行政机关可随时更正行政行为中的书面错误,计算错误及类似错误。涉及参与人正当利益的,有关错误必须更正。行政机关有权要求交回拟更正的文本。第 46 条:对不属于第 44 条的行政行为,不得仅因其成立违反程序、形式或地域管辖的规定而主张将之撤销,除非另一决定也会导致同样的结果。

的5种情形：事后方提交引起行政行为所需的申请；事后提出所需的说明理由；事后补作对参与人的听证；须协作的委员会，事后作出行政行为所需的决议；其他行政机关补作其应作的共同参与。但特别需要说明的是，瑕疵可补正是有条件的。事实上，可补正的瑕疵受三个方面的限制：第一，可补正瑕疵的范围限制，可补正的瑕疵不及于实体瑕疵，且如属于行政处分无效之事由，亦不可补正；第二，可补正瑕疵的时间点限制，2002年《联邦行政程序法》修改，明确规定程序瑕疵得于行政诉讼事实审程序终结前补正，排除于法律审程序中补正的可能性；第三，可补正瑕疵主体的限制，"基于权力分立原则，于诉愿或行政诉讼中补正瑕疵之程序行为，仍必须由原处分机关自行为之，不得由诉愿机关或行政法院为之"。[①]（3）不影响实体决定的程序瑕疵，即《联邦行政程序法》第46条的规定。该条否决了程序当事人仅因行政行为违反程序而提起诉请撤销的权利，因而也遭致学者们的强烈批评，"它的假设是关系人的权利并不因此受到侵害。这种规定明显以行政为本位，而不是以公民为本位。它忽视了行政机关可能有意不遵守程序或者形式规定的可能性。"[②]但是该条"在作出合乎宪法的解释时，该款的适用余地毋宁说是微乎其微的，而且这种运用在实践中会导致重重困难"[③]；同时，"如果涉及到违背欧洲法

[①] 傅玲静：《论德国行政程序法中程序瑕疵理论之建构与发展》，载《行政法研究》2014年第1期。

[②] ［德］汉斯·J.沃尔夫、奥托·巴霍夫、罗尔夫·施拖贝尔：《行政法》（第二卷），高家伟译，商务印书馆2002年版，第91页。

[③] ［德］弗里德赫尔穆·胡芬：《行政诉讼法》（第5版），莫光华译，法律出版社2003年版，第414页。

所规定的程序权利,行政程序法第46条的适用性也可能被排除"[1]。可见,行政程序法第46条仅适用于"仅仅是那些一开始就受到羁束的行政行为(别无选择),它们的瑕疵对决定'显然'无影响"[2]。

另外,德国《联邦行政程序法》第42条规定:"行政机关可随时更正行政行为中的书面错误、计算错误及类似错误。涉及参与人正当利益的,有关错误必须更正。行政机关有权要求交回拟更正的文本。"[3]对于此条规定,德国学者一般认为"对轻微的瑕疵(不正确),任何关系人都可以期望其更正,例如书写错误,并不构成行政行为违法,不影响行政行为的效力,可以通过行政机关的救济途径予以更正"。因此,程序瑕疵理论中一般不将这种不构成行政行为违法、不影响行政效力的轻微瑕疵包括在内。

从上述介绍中,我们能够清楚地知悉德国行政程序法中的程序瑕疵理论与我国司法实践中对"程序瑕疵"的应用有着两个根本的不同:第一,德国行政程序法中的程序瑕疵理论在行政程序法的意义上的应用,以瑕疵严重性程度不同赋予不同程度瑕疵行为以不同的程序法上的效力后果;而我国司法实践中

---

① [德]弗里德赫尔穆·胡芬:《行政诉讼法》(第5版),莫光华译,法律出版社2003年版,第415页。

② [德]弗里德赫尔穆·胡芬:《行政诉讼法》(第5版),莫光华译,法律出版社2003年版,第414页。

③ [德]汉斯·J.沃尔夫、奥托·巴霍夫、罗尔夫·施拖贝尔:《行政法》(第二卷),高家伟译,商务印书馆2002年版,第84页。

"程序瑕疵"的重要判断标准则为"未对原告权利产生实际影响"。第二,德国行政程序法明确规定,可补正瑕疵行政行为的法律效力止于行政诉讼事实审程序终结前。也就是说,可补正的瑕疵必须在行政诉讼事实审程序终结前由行为作出机关补正,否则就可能面临被司法撤销的风险;但我国司法实践中的"程序瑕疵"则完全是在司法程序中应用,是对行政程序违法的"纵容",根本上违背了司法最终救济原则与形式法治的基本逻辑。

2.对实质法治的滥用——以我国台湾地区司法实践案例为佐证

基于表达上的方便,笔者将所引我国台湾地区程序瑕疵案件分为4种类型,分别加以考察:即可更正的程序瑕疵、确认无效的程序瑕疵、可补正的程序瑕疵、内部程序瑕疵,以此证明我国大陆地区司法领域中普遍存在"实质法治"滥用的观念。

第一类　可更正的程序瑕疵案例

"最高行政法院"90年度判字第844号判决就我国台湾地区行政程序规定第101条最初界定:该条规定旨意为"原处分机关固得随时依职权或依利害关系人申请更正之"①。台北高等行政法院92年度诉字第2678号裁定书规定,行政程序规定第101条中的错误是指"该等错误轻微,并不妨碍相对人理解行政处分之内容的记载,而不影响行政处分所形成之行政法上权利

① 法务部法律事务司编辑:《行政程序法裁判要旨彙编》,启耀印刷事业有限公司2004年版,第306页。

义务关系,此时行政处分之效力继续发生"。若相反,"行政处分内容记载错误程度已经使原拟形成行政法上权利义务关系难以确认时,该行政处分已属违法,而无法以前述程序更正错误,必须将原行政处分撤销,另为行政处分。"①台中高等行政法院92年度简字第176号判决中,被告因处分文书因"违反地点"即"违反事项上载地点"而被法院认为事实不清,判决撤销。②

　　上引三个案例对诉讼中行政法院就如何处理误写、误算这种程序上的瑕疵作了清晰的界定:(1)当此类程序上的瑕疵显著轻微,并不妨碍相对人对行政处分内容正确的理解时,行政法院并不对其作出主动的干预,在遵循司法权与行政权分工的前提下,仅指明原处分机关固得随时依职权或依利害关系人申请对此瑕疵进行更正,且此类程序瑕疵实际上也不受我国台湾地区行政程序规定第114条第2款"仅得于诉愿程序终结为之"的拘束。(2)当此类程序上的瑕疵构成对事实性质的认定不清或是对相对人的权利义务产生实质影响时,所谓"误写""误算",就不再是一般意义上的"误"了,而是属于可撤销的定性错误。

　　第二类　确认无效的程序瑕疵案例

　　"最高行政法院"92年度判字第3113号判决中,"最高行政法院"依据我国台湾地区行政程序规定第110条第6项规定,即无效情形中的"未经授权而违背法规有关专属管辖之规定或缺

---

　　①　法务部法律事务司编辑:《行政程序法裁判要旨彙编》,启耀印刷事业有限公司2004年版,第308页。
　　②　法务部法律事务司编辑:《行政程序法裁判要旨彙编》,启耀印刷事业有限公司2004年版,第309页。

乏事务权限者",判定"被上诉人原无撤销其观光旅馆业执照之权限,其所为该项缺乏权限之行政处分,系属无效。"①台北高等行政法院 91 年度诉字第 2923 号判决中,法院认为,"未有机关首长之签名盖章之违法情形,惟行政处分只要具备作成机关之文书形式而对外发生效力,自不得认定具有重大明显之瑕疵",不适用《行政程序法》第 110 条第 1 项规定,即"不能由书面处分中得知处分机关者"②。

对于无效的程序瑕疵的规定,我国台湾地区行政程序规定第 110 条规定了 6 种情况,即(1)不能由书面处分中得知处分机关者;(2)应以证书方式作成而未给予证书者;(3)内容对任何人均属不能实现者;(4)所要求或许可之行为构成犯罪者;(5)内容违背公共秩序、善良风俗者;(6)未经授权而违背法规有关专属管辖之规定或缺乏事务权限者。其中属于行政程序上的有 3 种情形,即:为不能由书面处分中得知处分机关者;应以证书方式作成而未给予证书者;未经授权而违背法规有关专属管辖之规定或缺乏事务权限者。结合司法实践案例看,行政法院对可引发无效的瑕疵认定,其态度是极为慎重的。从台北高等行政法院 91 年度诉字第 2923 号判决文书中,我们可以知悉,无效行政行为的裁判标准采用的是德国联邦行政程序法上的"重大而明显"标准,"无效的行政行为是指'存在严重瑕疵',

---

① 法务部法律事务司编辑:《行政程序法裁判要旨彙编》,启耀印刷事业有限公司 2004 年版,第 358—359 页。

② 法务部法律事务司编辑:《行政程序法裁判要旨彙编》,启耀印刷事业有限公司 2004 年版,第 361—362 页。

而且根据对所有情况的理智判断，认为该瑕疵是明显的。所谓特别严重是指具有这种瑕疵的行政行为有关的宪法原则或者法律制度的基本观念。"①我国台湾地区学者对此主流的观点认为，"实务及学界通说就无效行政处分认定标准，向来采取'明显理论'之判断标准，即行政处分若罹患特别重大、明显之瑕疵，一般理智谨慎国民，依其一切足以斟酌之情况，在合理判断上均可识别出瑕疵之存在，该行政处分始应归属无效。"②

第三类 可补正的程序瑕疵案例

台北高等行政法院（民）91 年度诉字第 778 号判决、台北高等行政法院（民）91 年度诉字第 1720 号判决、台北高等行政法院（民）91 年度诉字第 3368 号判决、台中高等行政法院 90 年度诉字第 1353 号判决、高雄高等行政法院 91 年度诉字第 1114 号判决，行政法院皆以行政处分作出机关违反《行政程序法》第114 条的规定，即"前项第二款至第五款之补正行为，仅得于诉愿程序终结前为之；得不经诉愿程序者，仅得于向行政法院起诉前为之。"未在诉愿程序终结前对被诉行政行为的程序瑕疵进行补正，判决撤销原行政处分。③ "最高行政法院"101 年度判字第 346 号判决中认为，"法律明定须经委员会议审议始得作成负担处分者，独立机关即不得径以行政规则改由少数委员组成之分

---

① ［德］汉斯·J.沃尔夫、奥托·巴霍夫、罗尔夫·施拖贝尔：《行政法》（第二卷），高家伟译，商务印书馆 2002 年版，第 83 页。

② 黄俊杰：《行政程序法》，元照出版社 2006 年版，第 175 页。

③ 法务部法律事务司编辑：《行政程序法裁判要旨彙编》，启耀印刷事业有限公司 2004 年版，第 375—384 页。

组委员会审议之;尚未经委员会议决议或参与会议决议之委员组成不合法且未予补正者,自属得撤销行政处分之瑕疵。"①

此引案例表明:我国台湾地区行政程序规定施行以来,司法实践中,行政法院严格遵循行政程序法的规定,对符合行政程序规定第114条第1款的规定,归属可补正的程序瑕疵,允许行政处分原作出机关对其予以补正,但是最后的时间点为诉愿程序终结前。如果在此时间点之前,原处分机关未对瑕疵行为进行补正,则依法判决撤销瑕疵处分。

"最高行政法院"93年度判字第1042号判决中认为,原处分理由已依法补正,自难以原来依伪造之资料为据,故对原瑕疵处分行为不可判决撤销。②"最高行政法院"93年度判字第1622号判决中,行政法院认为,书面行政处分应记载事项中之事实的标准为:"应包括违规行为、违规时间、地点等其他与适用法令有关之事项,俾得据以与其他行政处分为区别,及判断已否正确适用法律。"③"最高行政法院"93年度判字第1174号判决中认为,"原处分机关已于诉愿程序终结前,于答辩书中补正违章行为时间、次数与处罚金额,尚不影响原处分之合法效力。"④

---

① 台湾法务部法律事务司编:《行政程序法裁判要旨汇编》(九),2014年版,第356—357页。

② 台湾法务部法律事务司编:《行政程序法裁判要旨汇编》(九),2014年版,第205页。

③ 台湾法务部法律事务司编:《行政程序法裁判要旨汇编》(九),2014年版,第206页。

④ 台湾法务部法律事务司编:《行政程序法裁判要旨汇编》(九),2014年版,第207页。

高雄高等行政法院 94 年度诉字第 575 号判决中,行政法院认为,须经上级机关核准之行政处分而未经其核准之程序欠缺瑕疵,如欲补正,仍需经上级机关依行政程序为之,并非诉愿决定所能替代。[①]

此引案例表明,行政法院对于瑕疵程序的补正总的要求有三个:第一,必须在诉愿程序终结前补正。第二,必须由法定的适格的机关作出,尽管绝大多数情形下是原处分作出机关。但在我国台湾地区学界亦有主张可以是其他机关,"至于,何者可对于行政处分予以补正,除原处分机关外,有谓该原处分机关之上级机关,亦可予以补正"[②]。第三,补正的内容必须符合法律规定的正确性,但补正是否必须依某种法定的方式则不明确。

第四类　内部程序的合法性审查

高雄高等行政法院 94 年度诉字第 575 号判决,本案被告依其土地法规则涂销原告一建筑物编号,根据(台湾)土地法规则的规定,被告的行为需报经其上级主管机关查明核准。虽被告曾将函文"副知"其上级,然其上级仅将其函文作内部存查之用而未对其核准,故被告作涂销处分未报经核准。后原告提起诉愿程序,被告上级机关将原告诉愿驳回,被告诉至法院。法院经审查认为,依行政程序法第 114 条规定,"揆其立法旨意在严格区分行政手续与司法程序,并强化行政法院对官署遵守行政程

---

① 台湾法务部法律事务司编:《行政程序法裁判要旨汇编》(四),2007 年版,第 324—326 页。

② 黄俊杰:《行政程序法》,元照出版社 2006 年版,第 182 页;转引自李惠宗:《行政程序法要义》,台湾五南图书出版股份有限公司 2002 年,第 321 页。

序之监督作用。法条既明定经诉愿程序者,有关行政处分程序之欠缺必须于诉愿程序终结前为之,则该程序欠缺之补正,于须经上级机关核准之情形,自仍需经上级机关依行政程序为之,非诉愿决定所能替代,否者上述法条即无特别规定有关补正之行为,仅得于'诉愿程序终结前'为之之必要。"最终,法院将诉愿决定及原机关处分均予撤销。①"最高行政法院"96年度判字第1369号判决中,行政法院认为:"税捐稽征机关就营利事业不合营业常规之安排进行调整,纵有未依法报经财政部核准之程序欠缺、惟其若于复查程序中已获补正者、该程序补正应属适法。"②"最高行政法院"101年度判字第346号判决中,法院认为:"法律明定须经委员会议审议始得作成负担处分者,独立机关即不得径以行政规则改由少数委员组成之分组委员会审议之;尚未经委员会议决议或参与会议决议之委员组成不合法且未予补正者,自属得撤销行政处分之瑕疵。"③

此引案例表明,对于行政行为违反法律规定的机关内部程序时,行政法院并非对其保持绝对的漠视,而是呈现出类推适用《行政程序法》第114条第1款第4或第5项的规定,即视为可补正的程序瑕疵予以处理。当对内部程序的违反于诉愿程序终结前得以补正时,则视其为合法;相反,若该程序上

---

① 台湾法务部法律事务司编:《行政程序法裁判要旨汇编》(四),2007年版,第324—326页。

② 台湾法务部法律事务司编:《行政程序法裁判要旨汇编》(五),2009年版,第362—364页。

③ 台湾法务部法律事务司编:《行政程序法裁判要旨汇编》(九),2014年版,第356—357页。

的瑕疵未于诉愿程序终结前予以补正,则行政法院将该瑕疵行为撤销。

纵观我国台湾地区各种瑕疵类型的判决案例,我们无从发现台湾地区司法审判实践中,法官可以基于"实质法治"的理念,如行政效率或程序经济,能动修正程序违法的判决效果。这就有力地实证性地表明了一个基本的法治命题:成文法国家,实质法治的核心在于制定法,而不在于司法,亦不在于法官,唯极端情形例外。本书引证我国台湾地区的程序司法审查的案例,意在表明:没有严格的形式法治,追求实质法治将会失去坚实的基础,司法独立与司法权威也将变得不可能。

三、颇具争议性的"正当程序原则"标准

1998 年"田永诉北京科技大学案"是我国行政审判中最早触及正当法律程序原则适用的案件,该案判决书中写道:"退学处理的决定涉及原告的受教育权利,从充分保障当事人权益原则出发,被告应将此决定直接向本人送达、宣布,允许当事人提出申辩意见。而被告既未依此原则处理,尊重当事人的权利,也未实际给原告办理注销学籍、迁移户籍、档案等手续。"①人民法院据此理由以表达其对被告程序违法的认定。但无论是从该案判决书文字的表述还是从学者对该案事后的实证研究看,该案

---

① 北京市海淀区法院行政判决书,(1998)海行初字第 142 号。

也只是人民法院适用正当法律程序原则的内涵逻辑据以裁判的个案,未能迈出明示人民法院可适用正当法律程序据以裁判的关键一步。①

2004 年的张成银诉徐州市人民政府房屋登记行政复议决定案,标志着人民法院最终迈出了关键的一步。该案二审判决书中,江苏省高级人民法院明确写道:"但根据正当程序的要求,行政机关在可能作出对他人不利的行政决定时,应当专门听取利害关系人的意见。"②二审法院基于正当程序原则的要求,维持了一审法院的撤销判决。最高人民法院不仅以公报的形式表达着对江苏省高级人民法院司法立场的支持,而且还对江苏省高级人民法院的判决作了适法逻辑上的精细化处理。《公报》称:"《行政复议法》中虽然没有明确规定行政复议机关必须通知第三人参加复议,但根据正当程序的要求,行政机关在可能作出对他人不利的行政决定时,应当专门听取利害关系人的意见……徐州市人民政府未听取利害关系人的意见即作出于其不利的行政复议决定,构成严重违反法定程序。"③正当法律程序原则于司法适用中的逻辑结构至此得以完整表述。经过江苏省高院与最高人民法院的组合行动,正当法律程序原则于司法裁判中的适用得以为其他诸多人民法院所采纳与仿效。据学者研究表明,张成银诉徐州市人民政府房屋登记行政复议决定案之

---

① 何海波:《司法判决中的正当程序原则》,载《法学研究》2009 年第 1 期。
② 江苏省高级人民法院行政判决书(2004)苏行终字第 110 号。
③ 参见《最高人民法院公报》2005 年第 3 期。

后,正当法律程序原则的司法适用呈现出多领域、多区域、不间断的扩张性特征。①

问题在于,正当法律程序原则于司法实践中成为人民法院据以裁判案件的标准真的就那么正当吗? 争议一直存在。

(一) 制定法规定上的缺失

1989 年《行政诉讼法》第 4 条规定:"人民法院审理行政案件,以事实为根据,以法律为准绳";第 5 条规定:"人民法院审理行政案件,对具体行政行为是否合法进行审查"。2014 年修改后,分别调整为《行政诉讼法》第 5 条与第 6 条。何谓"法律"? 2004 年 5 月 18 日,最高人民法院公布的《关于审理行政案件适用法律规范问题的座谈会纪要》中给出了形式上的解释,即"根据行政诉讼法和立法法有关规定,人民法院审理行政案件,依据法律、行政法规、地方性法规、自治条例和单行条例,参照规章"②。从这个解释中可以得知,我国人民法院据以裁判行政行为是否合法的依据是制定法上的规定。依此法律适用的规定,行政程序违法司法审查中,人民法院能否适用正当法律程序原则对被诉行政行为的合法性进行裁判,取决于我国实证法上是否存有"正当法律程序"原则的规定。就笔者所查阅的法律文献显示,我国全国性的法律文本中,最早明确规定正当法律

---

① 参见孟凡壮:《论正当程序原则在行政审判中的适用——基于 75 份运用正当程序原则的行政诉讼判决书的分析》,载《行政法学研究》2014 年第 4 期。

② 参见元照法律研究室编:《行政法与行政诉讼法》(第三版),北京大学出版社 2010 年版,第 378 页。

程序原则的法律文件是 2012 年 4 月 10 日起施行的《最高人民法院关于办理申请人民法院强制执行国有土地上房屋征收补偿决定案件若干问题的规定》。该规定的第 6 条规定："征收补偿决定存在下列情形之一的,人民法院应当裁定不准予执行:(一)明显缺乏事实根据;(二)明显缺乏法律、法规依据;(三)明显不符合公平补偿原则,严重损害被执行人合法权益,或者使被执行人基本生活、生产经营条件没有保障;(四)明显违反行政目的,严重损害公共利益;(五)严重违反法定程序或者正当程序;(六)超越职权;(七)法律、法规、规章等规定的其他不宜强制执行的情形。"正当程序被规定在该条的第 5 项中。

从法律实施的角度看,正当法律程序原则能于我国行政审判中予以适用应从《最高人民法院关于办理申请人民法院强制执行国有土地上房屋征收补偿决定案件若干问题的规定》的实施开始,且仅限于房屋征收补偿案件。然而,前引正当法律程序原则适用的案例表明,司法实践中的实际情况却并非如此,人民法院以正当法律程序原则裁判行政行为合法性的案例早已有之,且广泛适用各个领域。在一个并不承认法的一般原则、学说、判例为正式的法的渊源的国家,司法机关基于何种理由可以突破成文法的规定而使自己的裁判具有正当性,绝非是一个可以随意回避的问题。实证法的规定与司法能动性之间的冲突,不仅关乎着个案正义的证成,更关系到国家权力结构的制度性安排以及对其这种安排的确信与遵循。

（二）司法实践本身的认知冲突

司法实践本身在对待正当法律程序原则的司法适用问题上亦未形成一致信守的共识。虽然 2004 年的张成银诉徐州市人民政府房屋登记行政复议决定案正式开启了司法实践适用正当程序原则据以裁判的先河,且"从 2004 年到 2013 年,法院对于正当程序原则的适用从未间断。其中,2004 年到 2008 年平均每年 2 个左右,2009 年到 2012 年,平均每年 15 个。"①但裁判实践表明,人民法院对正当程序原则的司法适用认知并不统一,而是存在着鲜明的差异性,司法权的主观裁量性突出。"朱金定与河南省唐河县国土资源局土地出让纠纷案"二审行政判决书中,二审法院认为,虽然法律、法规、规章以及行政规范性文件未作规定,但唐河县国土资源局在作出《解除挂牌成交确认书通知》之前,没有履行告知,听取行政行为相对人的陈述、申辩,违背了行政行为作出的正当程序,因此该具体行政行为程序违法。② 此案中,法律未对行政行为主体规定程序上的义务,但人民法院依据正当法律程序原则认为,国土资源局负有一系列的程序性义务,对此义务的违反构成程序违法,判决撤销。但是"无锡山禾卫生材料有限公司与江苏省食品药品监督管理局注销药品生产许可证案"中,二审法院认为,因《行政许可法》《药

---

① 孟凡壮:《论正当程序原则在行政审判中的适用——基于 75 份运用正当程序原则的行政诉讼判决书的分析》,载《行政法学研究》2014 年第 4 期。

② 来源中国裁判文书网,南行终字第 00066 号判决(2014)。

品管理法》《药品管理法实施条例》等只规定了注销许可证的条件,并未规定注销许可证的具体程序,同时也无其他相应的规范性文件加以规定,法律法规规定的注销许可证的条件成就,原发证机关依法可以注销许可证,故山禾公司认定省食药监局作出《注销通知》程序违法缺乏法律依据。① 类似判决还有"湖北澳佳肥业有限公司诉人力资源与社会保障局及魏永春社会保障纠纷案",二审法院认为:"法律法规未规定工伤认定部门的工作人员在工伤认定过程中必须告知相对人申请回避的权利,同时《工伤认定期限举证通知书》中未将其工作人员的姓名告知用人单位,并不对用人单位的权利产生实质影响。"②

司法实践中的这些案例直观地表明,即便是在最高司法机关"事实上"认可"在法律、法规没有明确规定的情况下,人民法院可以把正当程序原则作为判断行政行为合法性的依据"③。但地方人民法院对待正当法律程序原则的态度依然存有根本性的差异。根本原因在于,《行政诉讼法》赋予人民法院据以裁判的依据只有一个——"法律"。凡不归属"法律"范畴的规则皆不能对人民法院产生强制性的拘束力。因此,法律原则、案例指导,仅为人民法院裁判时,裁量性的"参照",而非必须适用。在人民法院的性质和地位既定的背景下,完善统一的程序法制供给或许才是解决正当程序原则司法适用的可行路径。

---

① 来源中国裁判文书网,苏行终字第 00048 号判决(2014)。
② 来源中国裁判文书网,鄂荆门行终字第 00040 号判决(2014)。
③ 参见《中国行政审判指导案例》(第 3 卷),中国法制出版社 2012 年版,第 106 号案例。

（三）学理研究上的困境

学界早有从司法审查的角度研究正当程序原则的司法适用问题。总的研究背景是围绕我国行政程序法制供给的现状和司法实践的需求而展开。自 1989 年《行政诉讼法》实施以来，程序法制的供给上，我国一直未能制定一部统一的行政程序法典，为所有行政行为提供一个基本的程序上的要求，由此产生，除现行法律已有的程序规范外，"人们还是要担心其他部门、其他领域或者其他地方的制定法并不能满足公平正义等的要求"以及"在实践中人们对制定法具体条文过于固执的追求和对程序法过于狭隘和死板的理解"，①正当程序原则于下列情形下便有了存在与适用的现实合理性：（1）法律未对某种行政行为的程序作出规定。我国现行法律对行政程序的规定主要采用两种方式：一种是依附某种行政行为的类型之中，例如行政处罚程序、行政许可程序或是行政强制程序等；另一种是规定在部门法中，例如海关、工商、公安等部门规章中皆有大量的行政程序规定。无论前者还是后者，相关程序上的规定都不可能涵盖所有的行政行为，因此，程序规制存在漏洞不可避免，填补漏洞需要正当程序原则。（2）法律规定本身模糊不清。基于法律概念本身或程序性规定含义的不明确，解释相关争议时需要正当程序原则的指引。例如行政行为类型归属存有争议的情形，行政行为效

① 应松年、杨小君：《法定行政程序实证研究》，国家行政学院出版社 2005 年版，第 61—62 页。

力状态识别存在困难的情形,以及行政程序存在裁量性适用的情形。① (3)规范性文件所规定的程序之间相互冲突,即遇到规范性文件对某种行政行为程序的规定相互冲突和不一致的情况时,需要依据正当程序原则予以解释、选择与适用。②

1994 年,学者朱新力从"滥用职权"的角度提出,在行政机关享有程序裁量权的情形下,不正当的程序即省略必要的程序步骤属于违反法定程序。③ 2001 年,学者甘文主张对"法定程序"作扩大解释,即"法定程序"包含那些符合法律精神和原则的行政程序。由此,违反正当程序原则也属于违反法定程序。④ 2005 年,学者章剑生试图从宪法中寻找正当程序的依据,即从"主体参与"和"法治国家"的深化表述中获得行政程序正当性在宪法规范上的政治道德根据。⑤ 同年,应松年、杨小君两位学者在其合著中,从区别"法定程序"与"正当程序原则"的内涵与本质着手,契合人民法院与行政机关同为我国人民代表大会体制下的执法机关的政治立场,指出:人民法院并不具有立法或创造法律的职能,"在我国司法审查程序中,法院不能创立正当程序规则,而是只能依据立法的规定来审查行政机关的行为是否符合现行法的规定";如果直接适用具有实质性的正当程序原

---

① 于立深:《违反行政程序司法审查中的争点问题》,载《中国法学》2010 年第 5 期。

② 江必新:《行政程序正当性的司法审查》,载《中国社会科学》2012 年第 7 期。

③ 参见朱新力:《行政滥用职权新定义》,载《法学研究》1994 年第 3 期。

④ 参见甘文:《WTO 与司法审查的标准》,载《法学研究》2001 年第 4 期。

⑤ 参见章剑生:《论行政程序正当性的宪法规范基础:以规范实证分析为视角》,载《法学论坛》2005 年第 4 期。

则标准,就会产生"立法机关和有立法权的行政机关制定的程序标准,可能成为被法院审查的对象和被弃之不用的标准,法院实际上成为创造法律规则的机关。这显然与我国现行的基本政治法律制度不相符"的情形,进而冲击"谁服从谁,谁执行谁"的国家权力配置架构。由此,两位学者给出的研究结论是"正当程序只是对法定程序的一个适当的补充,而不是替代法定程序",应以法定程序涵盖正当程序原则的主要内容。① 前述学者都试图从解释学的角度,在现行政治体制内,调和"法定程序"与"正当程序原则"之间的紧张,为司法审查中正当程序原则的适用打开一扇门,但是实际上的成效正如有学者所言:"法院能否根据正当程序原则审查行政行为的合法性,甚至法院可以援用行政诉讼法第 54 条哪一个项目引入正当程序,仍然是一个困扰学术界和实务界的问题。"②

2004 年张成银诉徐州市人民政府房屋登记行政复议决定案后,似乎促使学界的研究思路,由先前的解释学路径向以正当程序原则的道德强势审视法定程序标准的方向转变。"法院能否根据正当程序原则去审查行政行为的合法性,是观察当前中国司法的实际职能和法律发展的一个窗口"③;"就司法审查标准而言,除了程序的合法性之外,程序的正当性是笔者研讨的重点,其作用在于以此为标准评价和考察某一行政程序是否合乎

① 应松年、杨小君:《法定行政程序实证研究》,国家行政学院出版社 2005 年版,第 54—65 页。
② 何海波:《司法判决中的正当程序原则》,载《法学研究》2009 年第 1 期。
③ 何海波:《司法判决中的正当程序原则》,载《法学研究》2009 年第 1 期。

理性、是否能被司法认可等,故正当性是司法审查的判断标准之一。"①

学界围绕司法实践中的个案裁判与正义,对正当程序原则司法适用的必要性与可能性展开研究,为推进我国行政程序法治进程,尤为程序违法司法审查提供亟需的理论上的支持,从而解决司法审查实践中因程序法制供给不足而产生的诸如程序规定缺失、程序规定不明或程序规定本身不合理时裁判标准差异性的问题。但是,现有的学术研究成果,一方面并未能很好地解决行政程序违法司法审查中裁判标准的困境,另一方面却在理论上不经意地型塑出一种新的理论困境,即法定程序标准与正当程序原则的"对垒",潜含着"司法"修正"立法"的学术倾向。

第二节　新法实施中司法审查适用标准问题的延续与拓展

一、撤销判决与确认违法判决的适用标准

（一）新法关于行政行为程序违法判决形式的规定

2014年修订的《行政诉讼法》第70条规定,行政行为违反法定程序的,人民法院判决撤销,这一规定与1989年《行政诉讼法》第54条规定一致;同法第74条第一款第（二）项又规定,

①　江必新:《行政程序正当性的司法审查》,载《中国社会科学》2012年第7期。

"行政行为程序轻微违法,但对原告权利不产生实际影响的",人民法院判决确认违法,而不适用该法第70条规定判决撤销,此为新增规定。新法为何要增加这一内容条款的规定?

新增第74条第一款第(二)项规定,意在回应行政审判实践中长期存在的"法定程序"与"程序瑕疵"的争论与对立,以补缺因"程序瑕疵"而存在的程序法治的漏洞,同时兼顾行政效率与程序经济性的现实需要。

新法第74条第二款规定本身是为适用确认违法判决确立法律上的适用要件。这一要件在语言表达上采用的是转折性的排除规定,实际上是两个必须同时具备且存在递进关系的要件,即不仅是"行政程序轻微违法"而且是"对原告权利不产生实际影响"。可见,"对原告权利不产生实际影响"为"行政程序轻微违法"划定了底线。因此,本条款内涵的确定性来自于"行政程序轻微违法"与"原告权利"双重确定性,更为重要的是"原告权利"的确定性。如果"原告权利"仅指实体性权利,则司法实践中人民法院对"行政程序轻微违法"的判断路径与标准将会完全等同于旧法实施过程中的"程序瑕疵"的判断路径与标准。其后果将不仅仅是有关行政程序法律规范中有关内部行政程序的规定会被虚置,甚至是说明理由制度、申请回避制度、陈述申辩制、告知制度等都有可能无法得到行政机关的严格遵守。这已为旧法司法实践中的案例所反复印证。如果"原告权利"包括程序性权利,则不仅是"程序轻微违法"将会有一个相对确定的界定标准,还会为撤销判决适用标准预留开阔的空间,包括适用正当程序原则。这正是本书所要主张和重点论述的核心论题。此处仅在说明新法所规定中"原告权利"的范围存在不确定性。

撒销判决适用标准具有不确定性。"行政程序轻微违法",从法律用语的一般习惯看,应与"行政程序严重违法"相对应。因此,不难理解新法规定中至少是将程序违法情形划分为程序轻微违法与程序严重违法两种类型。问题是"程序轻微违法"与"程序严重违法"的区分标准是什么。基于"原告权利"指向的范围不确定,因而"程序轻微违法"的界定标准并不确定。具体表现为:如果"原告权利"仅指实体性权利,遵从语义逻辑,实体性权利则构成判断行政程序违法是否"轻微"的底线标准。当行政程序违法的行政行为对原告的实体性权利产生了实际影响时,无论行政程序违法是否轻微,应转而适用新法第 70 条规定对其裁判;当行政程序违法对原告权利并不产生实际影响时,需进一步判断行政程序违法是否轻微,此时因行政程序违法是否"轻微"失去了底线的、法律上的、明确的参考标准,如此,"行政程序轻微违法"就完全成为一个个案中司法裁量权的"自由领地"。当然,我们也就无法从新法条文的规定中,准确地获悉"程序轻微违法"与"程序严重违法"的区分标准为何。事实上,对这个区分标准进行界定的实质,正是回答旧法实施过程中何谓"法定程序"的疑问。可见,新法规定延续着旧法施行中行政程序违法司法审查的难题——程序违法判决撒销的标准是什么?

（二）对新法实施后行政行为程序违法司法实践的考察

1. 外部程序违法案例的考察

"王喜瑞与九台市公安局等处罚上诉案"①中,一审和二审法院均认为,九台市公安局在作出行政处罚决定后,未按法定程序履行向家属告知义务,此程序违反相关法律规定,但不影响九台市公安局对王喜瑞作出的行政处罚决定的效力,因此判决确认该行政处罚决定违法。本案中,行政处罚机关未依《治安管理处罚法》第97条规定,履行告知当事人家属的程序义务,侵犯当事人家属获得告知的程序权利。但在本案中,人民法院并未以实际影响程序权利而判决撤销行政处罚机关的处罚决定。类似的案件,如"王喜斌与九台市公安局等处罚上诉案"②中,法院认为,虽然王喜斌提供的2014年10月30日中国联通吉林九台新华营出具的查询通话记录明细单据能够证明九台市公安局南山派出所传唤王喜斌及决定给予其行政拘留处罚时,没有依照《中华人民共和国治安管理处罚法》第83条、第97条的规定通知其家属,但属于程序轻微违法,未对原告权利产生实际影响。再如"凤台县人民政府诉吴喜元等39人土地征收案"③中,一审和二审法院均认为,征地方案获批后,被告虽然履行了公告的法

---

① （2015）长行终字第61号。
② （2015）长行终字第62号。
③ （2015）淮行终字第00020号。

定职责,但因其未能提供有效证据证明其在法定时限内已进行公告,应当认定其公告程序轻微违法,鉴于原告已知晓公告内容并提起诉讼,重新公告没有实际意义,因此判决确认被告凤台县人民政府发布(2014)第 5 号《凤台县人民政府征收土地公告》行为违法。本案判决中行政机关未为公告不仅侵犯了当事人的知情权,同时存在对原告实体权利产生实际影响的嫌疑。

新法实施后,行政行为外部程序违法的司法案例表明,人民法院对行政行为违反法律规定的外部程序,即便是侵犯相对人的程序性权利,但只要对原告实体性权利不产生实际影响,基本上依据新法第 74 条第一款规定判决确认违法,而不是依据新法第 70 条第(三)项规定判决撤销。

2. 内部程序违法案例的考察

"张秀英与北京市公安局房山分局治安处罚上诉案"①中,依据《治安管理处罚法》第 99 条第一款规定,公安机关办理治安案件的期限,自受理之日起不得超过三十日;案情重大、复杂的,经上一级公安机关批准,可以延长三十日。本案中,房山公安分局 2013 年 6 月 7 日受理本案,于 2014 年 6 月 3 日作出被诉的处罚决定,存在办案超过法定时限的问题。新修改的《中华人民共和国行政诉讼法》第 74 条第一款第(二)项规定,行政行为程序轻微违法,但对原告权利不产生实际影响的,人民法院判决确认违法,但不撤销行政行为。此引新法实施后行政行为内部程序违法

---

① (2015)二中行终字第 694 号。

的案例表明,人民法院对待行政行为违反法律规定的内部程序,与旧法实践相同,不会否决内部程序违法的行政行为的效力。

综合新法实施后行政行为外部程序违法与内部程序违法的判决案例,清晰地表明人民法院在行政程序违法判决撤销的适用标准上与旧法案例的适用标准并无实质性变化。这就意味着,旧法实施过程中所形成的坚持从实体权益出发并辅之以"重要程序"的裁判标准得以原封不动延续至新法实施后的行政程序违法司法审查中。

（三）　新法实践延续旧法裁判适用标准的消极性后果

撤销判决"是法院部分或全部撤销被诉行政行为,使之失去效力的判决。撤销判决意味着人民法院对被诉行政行为的否定性评价,是审判机关纠正违法行政行为的最有效手段,它集中体现着人民法院对行政机关的监督与制约"[1]。撤销判决的独特性就在于这种判决形式能够否决被诉行政行为的效力,且该行政行为效力丧失的效果一般可以溯及到该行政行为作出时。确认违法判决意为"人民法院经审查后认为被诉行政行为违法但不合适作出撤销判决或者履行判决,转而确认被诉行政行为违法的判决。确认违法判决是对被诉行政行为的一种否定性评价,是对撤销判决的修改和补充"[2]。确认违法判决于法律效果

---

[1]　姜明安主编:《行政法与行政诉讼法》(第五版),北京大学出版社、高等教育出版社 2011 年版,第 523 页。

[2]　江必新、邵长茂:《新行政诉讼法修改条文理解与适用》,中国法制出版社 2015 年版,第 275 页。

上的特征是,仅确认行政行为的违法性,但不否决行政行为的效力。确认行政行为的违法性,表明行政机关需承担诉讼上的败诉后果;不否决违法行政行为的效力,则意味着被诉行政行为所要达成的效果仍然能得以实现,即行政机关实施该行政行为的目的达成。根据新法第74条第一款的规定,确认违法判决对行政机关产生的唯一实质性的诉讼效果便是败诉责任——承担诉讼费用。问题的关键是,行政程序违法司法审查中,行政机关最为在意的是什么?在我国现行行政体制下,行政机关最为关心的是行政行为的效力。我国行政诉讼制度正式建立以来,行政干预司法、行政诉讼低撤销率莫不与行政行为的效力是否存续有关。因为,只要被诉行政行为的效力不被否决,行政机关的实施该行政行为的意图就能顺利实现。至于败诉责任对行政机关产生的影响,形式上虽然会影响到行政机关的绩效和政绩考核,但实际上这种影响的实质已归属行政机关"自律"掌控的领域。换言之,在我国目前行政权运行环境不变的前提下,如无法定的、制度化的、公开的败诉追责机制,行政程序违法司法审查中的确认违法判决所能发挥的促进行政机关提高程序法治意识的功能将是非常有限的。可见,个案司法审查中,确认违法判决对行政机关而言,其不遵守行政行为的程序规定,受影响的也仅是个"名声",而其实质上并无什么大的"伤害",因为违法行政行为的效力得以存续。在这个意义上说,确认违法判决是对行政机关不遵守法律规定的程序的一种"有意"的"放纵"。

从实体权益出发并辅之以"重要程序"的司法实践裁判标

准,可使人民法官凭借实质法治的正当理由,将非为违反法定程序的"裁量空间"由前引"李文堂不服桂林海关因走私行为对其行政处罚决定案"中单纯的书写错误扩张到"广州贝氏药业有限公司诉国家发展计划委员会药品政府单独定价行为案"①中对听证程序的违反,从而"自主"实现对撤销判决的限制性运用。正如有学者所言,"在个案处理中,有时'重要程序'倒可能成为法院基于某种考虑'灵活'作出判决的理由"②。这种具有高度"裁量性"的撤销判决适用标准,将会对新法实施后的行政审判实践带来以下消极性的后果:

第一,强化行政程序监督功能的立法预期无法实现。行政程序违法司法审查的重要性之一,就在于通过司法权对行政权的监督,促使行政机关依法行政,遵守法定程序,从而实现对行政权可能"恣意"行使的制约,最终实现对公民权利的保护。旧法实践中强调对行政效率价值的重视以及对实质法治的追求,而于司法实践中形成的以实体利益为主辅以重要程序的撤销判决适用标准,大大降低了对行政程序制度独立价值的保护强度,使得大量的程序违法行政行为能通过法官裁量性的解释而脱逸被撤销的命运。这就在客观上稀释了行政主体对程序意识的重视程度,并迟滞了我国程序法治的现代化进程。

第二,行政审判的可预期性降低,司法的权威性存疑。司法

---

① (2002)高行终字第 66 号。
② 章剑生:《对违反法定程序的司法审查——以最高人民法院公布的典型案件(1985—2008)为例》,载《法学研究》2009 年第 2 期。

审查作为公民权利救济的最后一道保障,如果行政程序法律规范赋予行政相对人一系列的程序权利得不到司法可预期的、无漏洞的、有效的保护,势必会降低行政相对人乃至整个社会对程序法治以及司法权威的信任。同时,个案审查中撤销判决适用标准的高度不确定性,也会损及法治的统一性,弱化司法正义的普遍性与公平性。

第三,立法者所欲实现的于行政程序中予以相对人以主体性尊严的程序价值追求自然也会落空,和谐、高效的行政管理秩序无法形成。

因此,在现有的撤销判决适用标准基础上,强化对行政程序制度独立价值的司法保护强度,严格限制确认违法判决的滥用,依据新法规定提供的契机,为行政程序违法司法审查发展出一条既符合程序法治内在逻辑又能妥善平衡程序独立价值与行政效率性追求之间冲突的判决适用标准,仍为新法实施过程中必须直面的议题。

二、规范性文件"不予适用"的审查标准是什么

新法第 53 条的规定首次将规范性文件纳入合法性审查的范围,第 64 条规定了规范性文件不合法的法律后果,即"不作为认定行政行为合法的依据,并向制定机关提出处理建议"。新法规定,为人民法院对规范性文件的制定程序进行合法性审查提供了明确的法律依据。对制定程序违法的规范性文件,人民法院有权

"不予适用"，以否决其效力，实质上即为"准撤销"。难题在于，规范性文件"不予适用"的制定程序上的审查标准为何？

（一）规范性文件的外延规定不统一

2014 年新修《行政诉讼法》第 53 条对规范性文件的司法审查作了规定，即允许原告在对行政行为提起诉讼时，一并请求人民法院审查被告作出该行政行为依据的规范性文件的合法性，但不含规章。如果规范性文件是在国家法层面有着确定所指的外延，则在行政审判中规范性文件本身的归属判断就不会成为一个有争议的问题。可现实是，规范性文件本身的归属即便在国家法层面也是个外延不确定的概念。

从制定主体的角度看：中央层面，1996 年《行政处罚法》第 14 条、2004 年《行政许可法》第 17 条、2012 年《行政强制法》第 10 条中所规定的其他规范性文件的外延范围一致，即由享有规范性文件制定权的行政主体制定的除法规、规章以外的行政规范性文件。然而，2006 年《中华人民共和国各级人民代表大会常务委员会监督法》第五章中规定的规范性文件的制定主体不仅包括县级以上各级人民政府，还包括除全国人大及其常务委员会外的县级以上人大及其常务委员会，但却不包括乡镇人大及其政府。地方层面，地方立法中规范性文件在外延上差异更大。例如：《无锡市规范性文件备案审查规定》第 2 条、《山西省规范性文件备案审查规定》第 2 条，明确规定将乡镇一级政府制定的规范性文件排除在外；《深圳市行政机关规范性文件管理规定》第2条规定中,将县一级人民政府工作部门制定的文件予以排除;又如《上海市行政机关规范性文件制定程序规定》第3条规定临时机构与行政机关内设机构制定的文件不属于规范性文件,但是《深圳市行政机关规范性文件管理规定》第3条规定中却包括行政机关临时机构制定的文件。2014年新《行政诉讼法》第53条将规范性文件的制定主体限定为国务院部门和地方人民政府及其工作部门,而排除了国务院尤其是依法获得授权的组织。

综合上述,新修《行政诉讼法》施行后,规范性文件外延范围即规范性文件的形式标准的确定,将会是规范性文件制定程序合法性审查实践中有待明确的第一个问题。

（二）制定程序本身的标准混乱

目前,我国中央层面未有统一的法律文件规定规范性文件的制定程序,规范性文件的制定程序多由地方性立法自行加以规定。有学者曾对31个省级政府、27个省会市政府、18个较大市政府和4个经济特区政府出台的关于规范性文件制定程序展开研究,研究结果表明,地方性立法对规范性文件制定程序的规定基本上参照政府规章的制定程序,即分为起草、征求意见、法制审查、决定和发布实施五个步骤,但每一步骤的具体规定却显示出较大的差异性,具体数据统计如下:①

---

① 杨书军:《规范性文件制定程序立法的现状及完善》,载《行政法学研究》2013年第2期。

第一,规范性文件起草主体的规定:

表1 起草主体类型统计

	由制定机关起草	可以由制定机关的法制机构起草	可以邀请有关组织、专家参加或委托有关组织、专家起草	可以请有关专家参加或委托有关专家起草	应当邀请有关专家、组织参与或者委托有关专家、组织起草
数量	12	3	4	1	1
比例	57%	14%	19%	4.8%	4.8%

第二,征求意见方式及对意见处理方式的规定:

表2 应否征求意见、征求意见方式统计

	听取单位、组织和个人意见		采取座谈会、论证会、听证会等		向社会公布规范性文件草案		应当召开听证会	有关于听证会的具体规定	应组织专家进行必要性、可行性论证
	可以	应当	可以	应当	可以	应当			
数量	1	20	10	7	2	9	5	4	2
比例	4.8%	95%	48%	33%	9.5%	43%	24%	19%	9.5%

表3 对征求到的意见的处理方式统计

	应认真研究处理	向制定机关说明采纳情况	在起草说明中载明	向建议人反馈采纳情况	向提出意见、建议者作书面答复	说明采纳情况
数量	10	2	3	1	1	1
比例	48%	9.5%	14%	4.8%	4.8%	4.8%

第三,法制审查方式的规定:

表4 审查标准、审查主体模式统计

	审查标准			审查主体	
	征求法制机构意见	合法性审查	合法兼合理性审查	政府、部门法制机构分别审	政府法制机构统一审查
数量	1	12	8	18	3
比例	4.8%	57%	38%	86%	14%

第四,决定方式的规定:

表5 决定主体种类统计

	决定主体									
	政府常务会议	部门办公会议	负责人集体讨论	机关会议	委办厅务会	有关会议集体审议	负责人组织召开会议集体讨论	首长办公会	政府全体会或常务会	主要负责人审批
数量	13	13	4	1	1	1	1	2	2	1
比例	61%	61%	19%	4.8%	4.8%	4.8%	4.8%	9.5%	9.5%	4.8%

第五,实施方式的规定:

表6 三统一制度、有效期制度、清理制度、清理制度
关于清理的时间规定统计

	三统一制度	有效期制度	清理制度	清理制度关于清理的时间规定						
				定期	5年	2年	及时	适时	2年+及时	建立清理制度
数量	3	7	16	4	1	2	6	1	1	1

续表

	三统一制度	有效期制度	清理制度	清理制度关于清理的时间规定						建立清理制度
				定期	5 年	2 年	及时	适时	2 年+及时	
比例	14%	33%	76%	26%	6%	13%	38%	6%	6%	6%

(以上表格数据引自杨书军:《规范性文件制定程序立法的现状及完善》)

　　由上引数据可知:第一,地方性立法中有关规范性文件制定程序的五个步骤中,只有关于征求意见方式及对意见处理方式的规定涉及制定主体与社会公众的互动,其他的程序步骤可以几乎与社会公众无关。规范性文件制定程序有着极强的内部程序规定的属性。第二,就征求意见方式及对意见处理方式的程序规定即从公众的参与的角度看,数据显示,21 个样本中规定应当进行听证的仅有 5 个。笔者以与该学者同样的方式检索地方性立法中关于规范性文件的制定程序,发现规范性文件制定程序中即使是规定了"应当"进行听证的,也不是绝对无条件的,而是附有某些限制性条件。类似如《山东省行政程序规定》第 47 条第 2 款规定:"规范性文件的内容涉及重大公共利益的,公众有重大分歧的,可能影响社会稳定的,或者法律、法规、规章规定应当听证的,起草部门应当组织听证。"纯粹的规定应当听证的笔者未曾发现。第三,从行政公开的角度看,缺失对规范性文件的制定事由及主要内容先期公示的规定;规定处理意见或说明理由必须公示的程序只有 4 个样本。第四,规定程序直接决定规范性文件有效性的样本仅 3 个,而且还是内部程序的

"三统一"的规定。

面对上述情形下规范性文件制定程序的规定,行政诉讼中人民法院如何审查规范性文件制定程序的合法性,不得不说将面临着巨大挑战。如果对规范性文件制定程序的合法性审查,仅是审查规范性文件制定主体是否遵循了内部的程序规定,那则与行政诉讼中程序违法司法审查的主旨相去甚远;如果说程序违法司法审查的意义在于监督行政机关在制定规范性文件时应遵循民主与科学原则,则现行地方性立法中有关规范性文件制定程序的规定根本不能满足行政诉讼所欲达到的目的性要求。规范性文件制定程序的合法性审查,即"准撤销"有无统一的实质性的、确定性的司法审查标准,将是司法审查实践中必须回答的又一个难题。

三、重大行政决策程序的司法审查标准是否更为严格

(一) 重大行政决策行为的行为性质争议

行政决策本为行政学上的概念,它与行政组织、行政计划、行政领导等概念,共同构成行政学上逻辑严密、自洽的概念术语体系。[①] 基于行政法学是以行政行为为中心构筑而成的学说与

---

① 参见徐文慧、张成福、孙柏瑛:《行政决策学》,中国人民大学出版社1997年版,第2页;刘峰、舒绍福:《中外行政决策体制比较》,国家行政学院出版社2008年版,第2页。

实践体系，广义上行政行为还包括行政事实行为，所以行政法学者对行政决策这一概念引进行政法领域就必须遵从行政法学理对之进行追问，行政决策属于何种行政行为？学者熊樟林的研究表明：行政决策若作为一种独立的行政行为形态，它无法在行政行为分类体系中找到自己独立的位子；如果将其作为一种纯粹的程序性行为，行政决策程序无论是在抽象行政行为还是在具体行政行为中皆有符合自身特性需要的程序规定。行政决策前添加"重大"二字即重大行政决策，除了凸显这一行为所关涉利益的重要性，同样不能解决行政决策的性质归属问题。① 这就意味着理论上，重大决策程序既可能是抽象行政行为中的一个特别程序，也可能是行政行为中的一个程序性行为，"行政决策就是指作出抽象行政行为和具体行政行为的决定。"②

重大行政决策行为在性质上存在的双重属性的可能性，使其在行政诉讼中无论是对人民法院还是对行政相对人的权利保护都将带来重大的影响，不同的定性会产生截然不同的法律后果。当我们将重大行政决策行为定性为制定规范性文件这种抽象行政行为时，依据新修《行政诉讼法》第53条、64条的规定，即便是重大行政决策程序存在违法情形，人民法院也无权直接将其撤销，且否决依违法的重大行政决策所作出的行政行为的效力，这对相对人的权利保护而言，是极其不利的；相反，如果将经由重大行政决策程序而形成的行政决定定性行政行为（具体

---

① 熊樟林：《重大行政决策概念证伪及其补正》，载《中国法学》2015年第3期。
② 李迎：《行政法视角下的行政决策》，载《行政法学研究》2007年第4期。

行政行为)的组成部分,当此决定程序违法,则人民法院原则上有权撤销整个行政行为,相对人的权利就能得到有效的保护。当前,行政执法实践中较为常见的诸如地方上的房屋补偿方案①、学区划分方案、低保人员资格的确定方案、优抚对象的确定方案等,几乎都因其具有双重属性特点而深陷可诉性的争议之中。

（二）重大行政决策程序合法性审查标准存在特殊性吗

2004 年《全面推进依法行政实施纲要》中提出"重大行政决策在决策过程中要进行合法性论证"的施政纲领后,重大行政决策这一术语便于行政法学中迅速走红。多数行政法学者对之抱以极大的热情,赋予其于推进程序法治场域中以重大意义。②2007 年福建省厦门市二甲苯(PX)项目引发的群体性事件、2012 年浙江镇海二甲苯(PX)项目引发的群体性事件、2014 年广东省茂名市二甲苯(PX)项目引发的群体性事件、2015 年福建省漳州市二甲苯(PX)项目爆炸事件等一系列与政府决策有关的事件更是有力佐证了程序法治对民主决策、科学决策及社

---

① 蔡小雪、郭修江:《房屋征收案件审理指引》,人民法院出版社 2015 年版,第4—5 页。

② 参见周实、贾玉娟、张经伟:《论行政决策程序的法制化——〈湖南省行政程序规定〉的立法模式分析》,载《东北大学学报》(社会科学版)第 13 卷第 1 期,2011 年 1月;杨寅、狄馨萍:《我国重大行政决策程序立法实践分析》,载《法学杂志》2011 年第 7期;应松年:《社会管理创新要求加强行政决策程序建设》,载《中国法学》2012 年第2 期。

会风险防范的重大意义。

地方性立法更是热情高涨。截至 2015 年 11 月,笔者收集到的仅省级政府就重大决策程序进行专门性立法的就有 15 个:《四川省人民政府重大决策专家咨询论证实施办法(试行)》(2004 年 12 月 27 日起施行)、《重庆市政府重大决策程序规定》(2006 年 1 月 1 日起施行)、《湖南省行政程序规定》(2008 年 10 月 1 日起施行)、《江西省县级以上人民政府重大行政决策程序规定》(2008 年 10 月 1 日起施行)、《天津市人民政府重大事项决策程序规则》(2008 年 7 月 1 日起施行)、《云南省人民政府重大决策听证制度实施办法》(2009 年 3 月 1 日起施行)、《青海省人民政府重大行政决策程序规定》(2009 年 4 月 1 日起施行)、《山东省行政程序规定》(2012 年 1 月 1 日起施行)、《广东省重大行政决策听证规定》(2013 年 6 月 1 日起施行)、《广西壮族自治区重大行政决策程序规定》(2014 年 1 月 1 日起施行)、《江苏省行政程序规定》(2015 年 3 月 1 日起施行)、《内蒙古自治区重大行政决策程序规定》(2015 年 6 月 1 日起施行)、《甘肃省人民政府重大行政决策程序暂行规定》(2015 年 6 月 1 日起施行)、《浙江省重大行政决策程序规定》(2015 年 10 月 1 日起施行)、《辽宁省重大行政决策程序规定》(2015 年 11 月 19 日起施行)。

重大行政决策程序之下的"决策恣意"是否得以消除了?《广州市重大行政决策程序规定》早在 2011 年 1 月 1 日便开始实施,但 2012 年 6 月 30 日 21 时,广州市政府突然宣布自 7 月 1 日起限牌,留给老百姓做出反应的时间只有 3 个小时;《深圳市重大行政决策专家咨询论证暂行办法》《深圳市重大行政决策责任追究办法》于2014年之前就已颁布实施,但2014年12月29日17时40分深圳市人民政府突然宣布自2014年12月29日18时起本市行政区域内小汽车实行增量调控和指标管理,实际上就是限牌,给老百姓做出反应的时间是20分钟。查阅《广州市重大行政决策程序规定》或是《深圳市重大行政决策咨询论证暂行办法》,并无有关重大行政决策生效前草案的公示期限规定,故无论是广州市还是深圳市人民政府的行为并不构成制定法上的重大行政决策程序违法。但是广州市政府与深圳市政府重大行政决策行为本身却给我们提出了一个意义重大的启示:重大行政决策程序要想发挥它的实际的控制行政权恣意的功能,制定法文本上的程序规定就必须满足行政程序中的某些必不可少的要求,从而能确实有效地限制行政权力主体对重大行政决策程序规定的裁量性适用或有意规避,进而防止文本上的行政程序规定被虚置。

就新法施行后行政程序违法司法审查而言,人民法院应为重大行政决策程序司法审查设置怎样的司法审查标准,且它与一般规范性文件制定程序的合法性审查是否存在差别,都将成为重大行政决策程序合法性审查的重要议题。

第二章
"多元"判决类型及其"确立"的基础

"人类在处理所遭遇的形形色色之问题中,经过一定的时期,会积累诸多知识,对这些知识经过分析、比较和归纳之后会显示出它们之间的内在关联以及这些关联形态所具有的作用和功能。因此,根据特定的目的,调整这些知识之间的关系并将其组织起来,就可以使之具有特定的功能。这种依据特定的目的,设定着期待的功能,将知识或者事务根据其存在上的关系,组织起来的方法,便是所谓的体系化。"①体系化的任务在于"发现个别规范、规整之间及其与法秩序主导原则间的意义脉络,并以得概观的方式,质言之,以体系的形式将之表现出来"②。

---

① 舒国滢、王夏昊、梁迎修等:《法学方法论问题研究》,中国政法大学出版社2007年版,第432页。

② [德]卡尔·拉伦茨:《法学方法论》,陈爱娥译,商务印书馆2003年版,第316页。

本章的写作目的在于：为从法理上清晰且合理地界定不同判决类型的法律适用标准，本章立足于 2014 年新法的规定，以体系化的思维方式，解释、分析新法第 70 条、第 74 条以及第 75 条规定之间内在的可能的关联性，从而揭示出新法规定中蕴含着"多元"判决类型确立的共同基础——行政程序违法性程度，即不同判决之间的差异性是为行政程序违法性的程度。程序违法性程度的法理意义在于：它清楚地表明，不同判决类型的法律上的适用标准，在于行政程序价值本身，而不在于实体结果。

第一节　新法规定中"多元"判决类型存在的可能性

一、新法第 70 条与第 74 条之间的包含关系

1989 年《行政诉讼法》施行后不久，在司法实践中人民法院就面临着行政行为违反法律规定的程序是否一律撤销的命题。1993 年 3 月 19 日，"李文堂不服桂林海关因走私行为对其行政处罚决定案"的判决表明，司法实践中人民法院的回答是否定的，即并非只要行政行为违反了法律规定的程序就必须判决撤销。随之而来的，就有了本书第一章所论述的"法定程序"内涵为何，以及"程序不当""程序瑕疵"又为何的系列争论。1989 年《行政诉讼法》文本对"违反法定程序"的情形只给出了一种判决方式——撤销判决，这就意味着，违反法律规定的程序要么

属于"违反法定程序"要么不属于"违反法定程序",没有第三种可能性。如此,"属于"与"不属于"被学界与实务界逐渐型塑成一种近似对立的并列关系,"违反法定程序"与"程序不当"及后来的"程序瑕疵"也就演变成行政行为违反法律规定程序情形下的非此即彼的对立形态。

新修《行政诉讼法》第70条规定,行政行为违反法定程序的,人民法院判决撤销;该法第74条第一款又规定,行政行为程序轻微违法,但对原告权利不产生实际影响的,人民法院判决确认违法,但不否决被诉行政行为效力。"违反法定程序的"与"行政行为程序轻微违法,但对原告权利不产生实际影响的"之间是什么关系?对这两者之间关系的不同定位,将会直接影响我国行政诉讼法理上对行政行为程序违反法律规定情形所作出的性质判断,进而影响到判决类型的适用。故厘清二者之间的关系可谓意义重大。

如何定位"违反法定程序的"与"行政行为程序轻微违法,但对原告权利不产生实际影响的"之间的关系?来自全国人大法工委的学者认为,"行政行为违反法定程序,应当判决撤销。这里的违反法定程序包括程序轻微违法"[1];来自最高人民法院的学者认为,"违反法定程序,就是违反法律、法规、规章对行政行为方式、步骤、形式、时限、顺序五个要素的规定。"[2]综合行政

---

[1] 全国人大常委会法制工作委员会行政法室编著,袁杰主编:《中华人民共和国行政诉讼法解读》,中国法制出版社2014年版,第205页。

[2] 最高人民法院行政审判庭编著,江必新主编:《中华人民共和国行政诉讼法及司法解释条文理解与适用》,人民法院出版社2015年版,第470页。

诉讼法修改后全国人大法工委行政法室与最高人民法院行政庭学者的解读观点,所谓"违反法定程序"即为违反法律(广义上)规定的程序。如果这种见解确为立法者的真实意思,那么"违反法定程序的"与"行政行为程序轻微违法,但对原告权利不产生实际影响的"之间的关系即可作以下包含关系的理解:违反法定程序是指行政行为违反法律规定的程序,是概括性的、原则性的规定,凡违反法定程序的,原则上适用《行政诉讼法》第70条规定,判决撤销;"行政行为程序轻微违法,但对原告权利不产生实际影响的"是对撤销判决适用时遇及特殊情形时的补充规定,即仅可在符合特殊情形规定时才能适用该法第74条第一款的规定,判决确认违法。

上述对《行政诉讼法》修改后"违反法定程序的"与"行政行为程序轻微违法"之间关系的理解,似乎还能从新修《行政诉讼法》有关判决类型的规定中得到进一步的佐证。新修《行政诉讼法》第70条规定的是有关撤销判决适用情形的规定,该法第74条规定的则是确认违法判决的适用情形。两种不同法律效果的判决形式之间是何关系?"确认违法判决是撤销判决和履行法定职责判决的补充,从优先性上讲,如果对一个被诉行政行为能够作出撤销判决或是履行法定职责判决的,应当优先考虑这些判决方式,只有在不能或者不需要作出撤销判决或者履行法定职责判决的情形下,才应作出确认违法判决。"[1]新修《行政

---

[1]　江必新、邵长茂:《新行政诉讼法修改条文理解与适用》,中国法制出版社2015年版,第278页。

诉讼法》第 74 条"第一款中的确认违法判决,又称为情况判决,被诉行政行为虽违法,但考虑其他法益,该行政行为仍然有效,不予撤销。"①"确认判决是作为撤销判决的补充而规定的。"②至此,我们也可以推导出"违反法定程序的"与"行政行为程序轻微违法"的关系非为对立的并列关系,在违法性的判断上属于包含与被包含的关系,即行政行为程序轻微违法在违法性判断上归属违反法定程序。

如若上述解读正确,则综合新修《行政诉讼法》第 70 条第(三)项与第 74 条第一款的条文规定看,新法积极回应了行政审判实践中"违反法定程序"与"程序瑕疵"的对立现状。首先,从违法性上对程序违法作了统一的规定。违反法定程序即为违反法律、法规、规章对行政行为方式、步骤、形式、时限、顺序五个要素的规定;程序轻微违法在违法性上同样是属于违反法定程序。其次,在违法后果上,基于行政成本和诉讼经济的考虑,对行政程序违法作了分类处理:原则上,新法规定,行政行为违反法定程序的人民法院均得可撤销,唯遇有第 74 条第一款规定之情形时,可作确认违法判决处理。需要指出的是,笔者以为,新法第 74 条第一款规定的两种情况同为第 70 条第(三)项规定的例外的特殊情况。最后,新法以情况判决的形式即确认违法判决,宣示违反法律、法规、规章规定的程序的行政行为的违法性,

---

① 江必新、邵长茂:《新行政诉讼法修改条文理解与适用》,中国法制出版社 2015 年版,第 204 页。

② 全国人大常委会法制工作委员会行政法室编著,袁杰主编:《中华人民共和国行政诉讼法解读》,中国法制出版社 2014 年版,第 209 页。

同时因经济理性"容忍"这种违法性,即虽违法但不否决该违法行政行为的效力。至此,使得"程序瑕疵"独立于"违反法定程序"之外的"特权"在我国程序法治史上终结。

二、程序违法导致行为无效的可能性

新修《行政诉讼法》第75条规定:"行政行为有实施主体不具有行政主体资格或者没有依据等重大且明显违法情形,原告申请确认行政行为无效的,人民法院判决确认无效。"该条规定为确认无效判决,即规定当行政行为违法情形重大且明显时,人民法院得作确认无效判决,并列举了两种适用确认无效判决的两种示范情形,即没有行政主体资格与没有依据。就所列举的两种情形看,皆为实体上的重大违法情形,问题在于"等重大且明显违法情形"是否包含有违反法定程序情形的可能性?

大陆法系实证法上的无效行政行为制度起源于1976年德国《联邦行政程序法》的规定,该法的第44条第1款规定:"行政行为具有严重瑕疵,该瑕疵按所考虑的一切情况或根据理智的判断归属明显者,行政行为无效";第44条第2款规定了6种导致无效行政行为的情形,其中有两种情形涉及程序性的规定,即"以书面方式作出,但没有注明作出机关"与"通过颁发证书作出,但没有遵守形式规定";同法第43条第3款规定:"无效行政行为始终不产生效力"。思想源头上,无效行政行为制度是"受二战后纳粹党独裁统治反省运动和宪法上抵抗权实证化的影响"的综合性产物。核心内容是"对明显违法的无效行政行为,相对人可以拒不服从或行使抵抗权,还可以随时请求有权机关宣告或确认无效,不受救济期限的限制。"①即"在行政行为具有明显并且重大瑕疵的情况下,不再适用法的安定性原则,而应当适用实质的正当性原则。"②无效行政行为制度因其彰显着对国家行政权力的"法定的"抵抗权以及对相对人权益的优先保护,而富有极强的道德感召力和现实诱惑力。正因如此,这一制度为西班牙、葡萄牙、我国澳门和台湾地区等程序立法所纷纷效仿。

确认无效判决的前提是承认无效行政行为的存在。在学术研究上,我国是否引进无效行政行为制度,争议较大,主张引入的有之,批判的亦有之。③ 制定法上,1996年《行政处罚法》第3条、第41条的规定因其缺乏法理上的严谨性而饱受批评,但其主张设立无效行政行为制度的立法意图却是鲜明的。值得注意的是,2000年3月开始施行的《最高人民法院关于执行〈中华人民共和国行政诉讼法〉若干问题的解释》,应行政审判实践的需

① 张旭勇:《权利保护的法治限度——无效行政行为理论与制度的反思》,载《法学》2010年第9期。

② [德]哈特穆特·毛雷尔:《行政法学总论》,高家伟译,法律出版社2000年版,第251页。

③ 赞同引进无效行政行为制度的观点,参见王锡锌:《行政行为无效理论与相对人抵抗权探讨》,载《法学》2001年第10期;沈岿:《法治和良知自由——行政行为无效理论及其实践探索》,载《中外法学》2001年第4期;关保英:《无效行政行为的判定标准研究》,载《河南财经政法大学学报》2012年第4期(总第132期)。批判引进无效行政行为制度的观点,参见黄全:《无效行政行为理论之批判》,载《法学杂志》2010年第6期;张旭勇:《权利保护的法治限度——无效行政行为理论与制度的反思》,载《法学》2010年第9期。

要,在其第57条第二款的规定中,以司法解释的形式承认了无效行政行为存在的立场。该条款规定"被诉具体行政行为依法不成立或者无效的","人民法院应当作出确认被诉具体行政行为违法或者无效的判决"。但该解释并未给出具体行政行为不成立或无效的判断标准,我们也就无从得知,具体行政行为不成立或无效的情形中是否包括程序上的某种违法情形,但在法理解释逻辑上并不必然排斥可能性的存在。

至于司法实践中,人民法院是否存在以某种程序违法情形判决确认被诉行政行为无效,答案是肯定的。"四川省南充市顺庆区源艺装饰广告部诉四川省南充市顺庆区安全生产监督管理局安全生产行政处罚案"中,南充市顺庆区安全生产监督管理局依据《四川省安全生产条例》第78条,对源艺装饰广告部违反《四川省安全生产条例》第33条与第34条规定,即源艺装饰广告部在施工中安全防护设施不到位,从业人员未按规定佩戴个人安全防护用品的行为进行处罚,实体上事实清楚,适用法律正确,问题出在于行政处罚告知书的送达上。南充市顺庆区安全生产监督管理局以邮寄的方式送达行政处罚告知书,但因该通知书所载地址不详及查无收件人而被邮局退回,源艺装饰广告部当然未能收到行政处罚告知书。此种情形下,南充市顺庆区安全生产监督管理局仍然对源艺装饰广告部作出了行政处罚决定。一审南充市顺庆区人民法院维持了顺庆区安全生产监督管理局的处罚行为。二审南充市中级人民法院认为:"邮寄送达是法定的送达方式之一,顺庆区安监局选择邮寄送达行政处罚告知书并无不当,但该行政处罚告知书却被邮局以原地址查无此人和原地址不详为由退回了顺庆区安监局,源艺广告部并没有收到行政处罚告知书,也不存在拒收的行为,该邮寄被退回的行为不能被视为已送达,因此,也就不能视为顺庆区安监局在作出处罚决定前依照《行政处罚法》第31条的规定切实履行了告知义务。根据《行政处罚法》第41条的规定,顺庆区安监局作出的行政处罚决定不能成立。"[1]因此,二审南充市中级人民法院于2010年5月17日判决撤销一审判决,并确认顺庆区安监局作出的第16号行政处罚决定无效。该案中,程序违法最为核心的部分是,顺庆区安监局的邮寄送达行为未能实现《行政处罚法》第31条的立法目的,导致行政相对人因《行政处罚法》第31条的规定而享有的程序性权利落空。与此案类似的案例还有"俞飞与无锡市城市管理行政执法局处罚纠纷上诉案"。该案中,江苏省无锡市城管局以张贴的方式将行政处罚决定书送达给原告,要求原告在15日内自行拆除,也有人在场证明,但原告不在现场。一审无锡市南长区人民法院认为:"以张贴的方式将行政处罚事先告知书、行政处罚决定书送达给原告。虽有在场人证明已张贴送达,但原告表示未收到,上述送达方式不合法,不能视为送达。故上述送达方式不能证明被告已向原告告知给予行政处罚的事实、理由和依据及告知原告有权要求陈述和申辩,行政处罚事先告知书不能视为送达;行政处罚决定书

---

① 中华人民共和国最高人民法院行政庭编:《中国行政审判案例》,中国法制出版社2011年版,第205页。

送达方式不符合留置送达和公告送达的规定,也不能视为送达。根据行政处罚法的有关规定,被告所作的行政处罚决定不能成立。"故判决确认被告作出的行政处罚决定无效。市城管局提起上诉,二审江苏省无锡市中级人民法院经审理后,判决维持。①

综合对域外程序法治实践、国内学界观点、实定法制度、司法解释以及行政审判实践的粗略考察,我们可以得出这样一个相对稳妥的结论:就我国程序法治的现实与发展趋势看,新修《行政诉讼法》第75条规定的确认无效判决可以覆盖违反法定程序的某些特殊情形。行政审判中适用新修法第75条的可行捷径是通过司法解释,相对扩大"等重大且明显违法情形"的涵盖范围,正式的路径有待将来统一的行政程序法典作出符合我国实际情况的合理安排。至于如何解决适用的判断标准问题,在后文的论述中,笔者将试着给出自己的意见。

三、违反法定程序内涵的新界定

"法律是正义和秩序的综合体。"②司法裁判作为法律秩序的维护者与法律正义的捍卫者,理应对待决案件同等情况同等对待,如此方合乎正义的要求。行政执法实践表明,行政行为方

---

① 参见《人民司法》2011年第24期。
② [美]博登海默:《法理学——法哲学与法律方法》,邓正来译,中国政法大学出版社2004年版,第318页。

式多样性及其程序的复杂化势必带来程序违法的多样性,但是不同的程序违法情形对程序制度的价值损害并非相同,或者说程序违法的违法性客观上存在着区别,这就要求行政审判理应对其进行区别对待,对违法性程度不同的程序违法情形作出不同的司法定性与裁判,否则将违背法律正义所要求的平等对待原则。

(一) 违反法定程序内涵"旧解"的症结

1989 年《行政诉讼法》第 54 条对行政行为程序的合法性审查作出规定,考虑当时的国情,该条规定对我国程序法治进程的开拓性的推进意义自不待言。但是,随着我国行政法治实践的推进,第 54 条规定的局限性也日益凸显。程序违法多样性、行政效率性追求、诉讼程序的经济性与程序法治之间的多层次冲突,要求行政审判实践肩负起化解旧法规定的局限性。因此,行政审判实践对何谓"违反法定程序"的回答成为利益各方关注的焦点。

"李文堂不服桂林海关因走私行为对其行政处罚决定案"中的解决办法是"书写错误非为程序违法"。在其随后的行政审判岁月里,几乎可以说是海量地重复着"未及时送达,但不影响实体权利,不为违反法定程序""被告在实施扣押中、封存和行政强制措施后,不给原告出具扣押、封存手续不符合执法程序的规定,虽然在整体上不影响行政强制措施的成立,但应在以后的行政执法中引以为戒"等类似的司法言辞。付出的代价是,此类行政程序违法脱离程序法治的范畴,程序法治的理想一次又一次地被类似的司法言辞"不得已"的敲打着。法律人必须对上述情形作出解释并寻觅解决的路径,"法定程序"究竟为何物的种种论断与论证即为此而生。

法律人二十多年的潜心研究表明,若仅从1989年《行政诉讼法》第54条这一条文规定出发,除非我国行政执法实践进步到可以接纳严格的形式法治要求,否则无论怎样解释"法定程序"的特有内涵,程序法治都难免存有缺口。其根源在于:第54条规定将程序的违法性与其违法的处理后果作了唯一性对接处理——违反法定程序得撤销。这种整齐划一的处理方式,优点在于,借助行政审判大大提升了行政程序的重要性。但缺点却也非常明显,即严重脱离了我国相当长一段时期内行政执法领域的程序法治现实水平。结果自是使得学理研究、制定法规定、行政执法实践、行政裁判皆陷入"单一化"的苦恼之中。

1989年《行政诉讼法》第54条的单一化处理方式反映出,当时人们在理论层面上,对程序法治实践中的复杂性与多样性预测并不周全,对行政程序的违法性与其法律后果的对应关系研究更是不够深入。就前者而言:主观上,1989年的中国,要求当时的中国政府官员知晓甚至是通晓诸如行政法上的听证程序、案卷排他制度、程序正义,这几乎是不可想象的。1996年《行政处罚法》颁布后,仅就广义上的听证于实践中的呈现方式就足够令人眼花缭乱,即便是行政法专业出身的法科学子也未必能完全弄明白其中原委,更何况是那些压根未经行政执法专项培训的工作人员。客观上,行政执法新领域不断扩大,行政行为方式及其程序的多样性决定了行政执法实践中违反法定程序的情形完全不具有可预测性。就后者而言,依据第 54 条的规定,行政程序违法的定性就一种——违反法定程序,对应的行政裁判上的法律后果也就一种——撤销。但行政执法实践表明,行政程序违法的形态是多样的,对程序制度价值的损害程度也并非整齐划一的,甚至某些程序上对法律规定的违反在实际效果上可以忽略不计。例如有关两位执法人员的签名规定,有一位签名了,另一位暂时未签,后遗忘,亦未补签;诉讼过程中,原告方也不否认执法时确实是两位执法人员,针对此种情形的程序违法,人民法院该如何适法裁判?"棘手的问题很快被推到行政法学家和法官们面前,即行政机关违反法律规定的程序所实施的行政行为是否一律构成违反法定程序并加以撤销。"①对不同程度的程序违法情形进行不同类型的违法定性,与之对应,为不同程度违法性的程序违法情形设置不同的违法后果,已不再是理论上应不应该的问题,而是实践理性的必然性要求。

(二) 违反法定程序的新含义

前文在分析新修《行政诉讼法》第 70 条与第 74 条的关系时,根据来自最高立法机关与最高司法机关的学者解读,笔者已经指出,第 70 条第(三)项中的违反法定程序包含着第 74 条第

---

① 章剑生:《现代行政法基本理论》,法律出版社 2008 年版,第 622 页。

一款中的行政程序轻微违法的情形。如果这一结论成立,这将从根本上改变自"李文堂不服桂林海关因走私行为对其行政处罚决定案"后行政执法机关、司法机关以及学界对法定程序内涵的主流解读,法定程序将不再是"法所规定的行政程序中的部分程序内容。行政行为构成违反法定程序的,是行政行为违反法所规定的程序达到了一定的程序,或者具有一定的严重违法性质。总之,法定程序或违反法定程序,是一个有性质内涵和程度标准的法律概念。"[1]法定程序概念的含义将恢复其本来的字面含义,即广义上的法律规定的程序。因此,新法文本第70条规定中的违反法定程序概念就蕴含着以下新的内涵:

首先,新法中的违反法定程序打破了程序违法性与其法律后果之间仅有唯一性的立法设置。新法第70条规定的违反法定程序包括第74条第一款第(二)项中的程序轻微违法情形,也就是说程序轻微违法同样归属违反法定程序。但是在法律后果上,新法作了区别性对待。前者判决撤销,后者判决确认违法。结合前文对新法第75条的理解,违反法定程序的法律后果完全有可能包括判决行政无效的情形。如此,新法中的对违反法定程序的法律后果设置上将会存有三种可能性:第一,某种情形的违反法定程序,人民法院将会依法确认其无效,即自始否决争议行政行为效力的存在;第二,某种情形的违反法定程序,人民法院判决其撤销,但受第74条第一款第(一)项的限制,即当

---

[1]　应松年、杨小君:《法定行政程序实证研究》,国家行政学院出版社2005年版,第70页。

撤销该违法行政行为将会对国家利益、社会公共利益造成重大伤害时,依法不予撤销;第三,某种情形的违反法定程序,人民法院仅判决确认其违法,即仅宣示行政行为的违法性,但不否决违法行政行为的效力。如此,新法在充分考虑我国行政执法实际情况的前提下,对违反法定程序的法律后果作了合理的体系化的处理,这无疑对我国以后的行政审判产生深远的影响,同时也必将对我国程序法治的进程产生巨大的推进作用。最为直接的效果是,行政执法机关再无可能依托"程序瑕疵"或"程序不当"之类的措辞,行漠视行政程序法律为其设置的程序法律义务之实。

其次,新法规定中,立法者为违反法定程序设置了三种不同的梯次性的法律后果无疑是在表明,违反法定程序情形本身存在着性质上的差异性。从法理逻辑上看,也应该是先设定不同的违反法定程序的情形,再有为不同的违法情形设置不同的法律后果,类似于刑法上"罪刑相当"原则。因此,明确新法为行政执法实践中违反法定程序的情形所作的类型区分,就显得极为重要。就新法条文现有规定看,明确的指示来自于第 74 条第一款第(二)项中规定的"行政行为程序违法轻微"。从我国法律用语的使用习惯上判断,与"轻微"对应的一般是"严重",程度上超过严重的为"重大"。综合新法中裁判后果的不同规定与我国法律用语的对应习惯,笔者以为,新法实际上已将行政行为程序违法划分为三种不同的情形,依其违法性的程度递增,依次为:程序轻微违法、程序严重违法与程序重大违法。唯有如此理解,才能合理地解释判决确认违法、判决撤销以及判决确认行政行为无效的不同规定。如果这一理解正确,则我国行政程序违法的形态于法律理论上已呈现出一个体系性的构造,即我国行政诉讼法上的违反法定程序实际上包含程序轻微违法、程序严重违法与程序重大违法三种情形。

最后,新法规定中的违反法定程序情形及其法律后果的规定,似乎能为我国程序法治理论与实践提供一条独具中国特色的路径,即由新修订《行政诉讼法》第70条规定的"违反法定程序"于功能上承担着系统构建我国程序违法司法审查的潜在的形式类型体系的使命,以达到类似于德国行政程序法上的程序瑕疵理论的效果。观察各大陆法系国家,对行政程序违法及其相应法律后果的设置无不由行政程序法典规定之;诉讼法上,法官依程序法规定裁判案件,重点是对法律涵摄事实及其标准进行解释。同属大陆法系的我国,行政程序违法及其相应的法律后果如何,却并非先有程序法律加以规定,后由人民法院适法裁判,而是先由行政诉讼法对其加以规定,从而反向推动相关行政程序立法。

第二节 以程序违法性程度构建的"多元"判决类型

无论是从新法第70条、第74条及第75条规定之间的逻辑关系角度,还是从新法"违反法定程序"内涵的视角,我国独创

性的于诉讼法上构建形式上完整的行政程序违法司法审查的判
决类型体系已悄然形成。

一、多元判决类型的划分基础——程序违法性程度

上文在讨论行政程序违法情形时,特别是在讨论"违反法
定程序"新内涵时密集地碰触到一个术语——程序违法性程
度。那么什么是程序违法性程度? 这便是本小节所要解决的问
题。受制于对文献的收集能力,行政法学中专门讨论违法性的
文献,笔者未曾见到。故本书对程序违法性程度的定义主要是
借鉴刑法学者的相关论述,特此说明。

刑法学者认为,"违法性与违法之间存在性质上的差别,即
违法性是指行为具有违法的属性,而违法则是指具有违法属性
的行为。"①德国学者李斯特在其《德国刑法教科书》中指出:
"对行为的法律评价,可能有两个考察方法:(1)形式违法是指
违反国家法规、违反法制的要求或禁止规定的行为。(2)实质
违法是指危害社会的(反社会的)行为。"②可见,李斯特把违法
分为形式违法和实质违法两种:形式违法是指对法规范的违反;
实质违法则是指对法价值的违反。学者陈兴良指出:"形式违

① 陈兴良:《违法性的中国语境》,载《清华法学》2015 年第 4 期。
② [德]李斯特:《德国刑法教科书》(修订译本),徐久生译,法律出版社 2006 年
版,第 200 页。

法性只存在是否违反的问题,而不能区分出等级。而实质违法性则不同,它作为一种价值判断,是具有程度之分的。这种实质违法性的程度,对于量刑当然是具有意义的。"①

综合上述学者们对违法性的界定,行政行为程序违法性意指行政行为因违反法律为其规定的程序而具有的法律评价上的属性。这一概念包含形式违法性与实质违法性两层含义:形式违法性是指行政行为因违反法律规定的程序而具有的不适法性,本身不具有等级之分;实质违法性是指行政行为因违反法律规定的程序而对程序制度价值造成的侵害性,具有程度上的损害大小之分,且这种损害程序与法律为其设置的法律后果密切关联。基于写作目的的需要,本书的程序违法性程度是从实质违法性的角度对程序违法性所作的一种界定,即指行政行为因违反法律规定的程序而对法律规定的程序制度之价值所造成的损害程度。

程序违法性程度能够表征出行政行为违反法定程序对该程序制度价值本身的侵害性程度的大小,因而无论是在抽象的规范意义上还是在具体的行政审判实践中都将显示其巨大的"可计量"功能:第一,在抽象的规范意义上,正因为程序违法性程度具有等级性的可区分性。它一方面对应着程序制度价值或功能的实现程度,另一方面又对应着对其违反的诉讼上的法律效果。正是程序违法性程度使得立法上有了为违反法定程序情形

---

① 陈兴良:《违法性的中国语境》,载《清华法学》2015 年第 4 期。

进行类型化的可能,同时也为违反法定程序设置多元性的法律后果提供了正当性的基础。第二,对行政审判实践而言,程序违法性程度能在一定程度上抑制司法裁量权滥用,使得程序违法司法审查具有一定的可预测性。程序违法性程度是行政行为因违反法定程序而造成的对程序制度价值的损害程度,不同等级所显示出的损害虽说是程序制度价值的损害,但同时也是程序功能的实现程度的一种直观宣示。这就在事实上为人民法院裁判程序违法案件提供了一个法定的、共同的裁判基础。

二、多元判决类型的基本内容

我国程序违法的司法审查紧紧围绕第 70 条规定的"违反法定程序"而展开:

第一,以新法第 70 条规定为原则性条款,即行政行为违反法定程序的,人民法院原则上判决撤销。程序违法性的程度是程序严重违法;诉讼上的法律后果是判决撤销。

第二,三种违反法定程序的特殊情形:(1)符合第 74 条第一款第(二)项规定的"行政程序轻微违法,但对原告权利不产生实际影响的",判决确认违法。这种情形的程序违法性程度为轻微违法;诉讼上的法律后果为,确认违法但不否决行政行为效力。(2)符合第 75 条规定"等重大且明显违法情形"的,判决确认无效。此种情形的程序违法性程度为重大程序违法;诉讼上的法律后果是确认该行政行为无效。(3)基于利益衡量原则的要求,对符合第 70 条违反法定程序得撤销规定的限制适用,即当违反法定程序情形不仅符合第 70 条规定的同时,还符合第 74 条第一款第(一)项规定的情形时,人民法院应适用第 74 条第一款第(一)项的规定对其进行裁判。

第三,第 76 条的补充适用,即"人民法院判决确认违法或者无效的,可以同时判决责令被告采取补救措施;给原告造成损失的,依法判决被告承担赔偿责任。"

三、多元判决类型的评价

(一) 积极意义

第一,行政程序违法司法审查的多元判决类型从行政裁判的角度,在一定程度上实现了平衡行政程序独立价值与行政效率性追求之间的冲突。新法实施后,人民法院将有更多的裁判手段应对行政行为程序的合法性审查,而非旧法规定中的"单一化"处理,这为人民法院能在个案中平衡行政程序独立价值与行政效率性追求之间的矛盾提供了判决类型上的选择空间。但是,这种平衡是在制定法框架允许的范围内作出的平衡,它有效地改变了新法实施前,人民法院基于司法能动主义的需要,超出旧法第 54 条明确规定而作出的法外平衡。因此,判决类型体系是在形式法治的框架内,为程序价值独立性与行政效率性追求之间的平衡提供了判决方式多元选择的可能性。

第二,判决类型体系实现了司法审查对行政程序违法行为无漏洞性的监督。我国旧法之下的行政程序合法性审查面临最大的挑战是,行政执法实践中大量的违反法定程序的行政行为因"不影响当事人的实体权利"而脱逸程序法治的范畴。判决类型体系的构建,使得可诉行政行为所有的违反法定程序的情形都被纳入行政程序合法性审查的范围之内,不再允许享有完全"赦免"情形的存在。确认违法判决的败诉责任也有可能在某种程度上促使行政机关进一步强化其程序意识,从而改进其工作作风,整体提升程序法治水平。

第三,多元判决类型的区分标准是程序违法性程度本身,而不是以该程序违反行政行为所侵害的相对人的实体上的利益为衡量标准。判决类型体系中,程序违法性程度的提出对行政程序违法司法审查有着标志性的意义。它意味着行政程序违法司法审查将有着自己单独的衡量与评价标准,人民法院无需再将行政程序违法的判决类型定性与被诉行政行为对原告实体权益的侵害进行绑定。简单地说,行政审判中,就被诉行政行为程序的合法性审查而言,人民法院关注的是,程序违法性程度如何?是重大程序违法还是严重违反法定程序又或是程序轻微违法?相反,在判决类型体系下,如果人民法院继续坚持既往的以实体利益侵害为标准而进行程序合法性审查,将在逻辑上遭遇无法逾越的障碍。假设人民法院仍然采用实体利益侵害标准,那么逻辑上的对应关系只有两种情形:(1)即侵害实体利益属违反法定程序得撤销;(2)未侵害实体利益不归属违反法定程序不予撤销。除此之外,再没有其他的对应关系存在的可能。显然,这与判决类型体系的裁判逻辑相背离。因此,判决类型体系的构建能使行政程序违法司法审查获得自己独立的衡量与评价标准;同时也能从法理逻辑上限制人民法院采用实体利益侵害标准裁判行政程序违法案件的空间。但在"二元性"区分情形下,其作用就非常有限,对此,下文的有关潜在风险的论述中将继续给予说明。

(二) 潜在的风险

第一,存在着弱化程序独立价值的倾向。多元判决类型体系是以程序违法性程度为基础构建而成并为其设置区别性的法律后果。程序违法性程度本身表明,法律上承认了程序违法性并非是整齐划一的,这种承认实际上正是基于行政效率性追求而被迫作出的一种妥协。因为站在程序独立价值的角度看,行政程序独立价值本身是无所谓有程度上的区分。换言之,法律上承认程序违法性程度及其相应的区别性法律后果是以某种程度上牺牲程序独立价值为代价的。这种牺牲所获得的对价便是,为"行政程序轻微违法,但对原告权利不产生实际影响的"行政行为换来裁判上的不予撤销而仅判决确认违法的"待遇",实质上是通过对这一类型的违反法定程序行政行为的"放纵",以满足行政效率性追求的需要。"无论法律是被如何界定的,它都存在着限定性。"①

第二,存在如何界定"行政程序轻微违法,但对原告权利不

---

① [美]考默萨:《法律的限度——法治、权利的供给与需求》,申卫星、王琦译,商务印书馆 2007 年版,第 9 页。

产生实际影响的"难题。"轻微违法"本身是个标准不确定的法律概念,如果不对其设置实质性的判断标准,它将会成为一个任由行政机关或司法机关裁量适用的"万能框"。这个实质性的判断标准是什么,新法文本为我们提供的标准是"对原告权利不产生实际影响"。对此标准所作的不同解释,它所产生的影响,不仅是行政审判上的适用"撤销"还是"确认违法",更为重要的是,它将成为衡量我国程序法治的真实水平的方向标,即行政程序法治是真实的还是工具性的。就此而言,德国《联邦行政程序法》的实践,已从三个方面为我国新《行政诉讼法》的实施提供着重要且有益的参考:(1)德国行政程序法具有强烈的"服务"功能,"在德国法,程序规定联结到传统通说之实体法律程序导向,而导出了程序法的备位性格,而与程序管控之自身重要性并不相称。"①(2)正因为德国行政程序法的"备位性",使得程序瑕疵的法律后果,除绝对无效情形之外,皆依附于行政行为的瑕疵程度,即实体利益的侵害程度,而不具有自己独立的评价标准。"行政行为瑕疵的法律后果原则上取决于瑕疵本身的严重性和效率考虑(程序经济)。这两个标准之间的冲突实际上是行政的正当利益和行政相对人合法权益之间的权衡问题。"②(3)程序依附于实体的极端情况,即德国《联邦行政程序法》第46条的规定,将当事人于程序上的权利诉求被压缩为零,

---

① [德]弗里德赫尔穆·胡芬:《行政诉讼法》(第5版),莫光华译,法律出版社2003年版,第474页。

② [德]汉斯·J.沃尔夫、奥托·巴霍夫、罗尔夫·施拖贝尔:《行政法》(第二卷),高家伟译,商务印书馆2002年版,第82页。

"该权利就名存实亡了。"①

　　德国《联邦行政程序法》的实践告诫着我们,要慎重地对待行政程序独立价值。我国台湾地区的行政审判案例更是从正面表明:行政审判中,行政程序违反的裁判上的法律后果基本上与实体利益的侵害与否无关,实体利益的侵害与否,仅是判断程序瑕疵可否补正的一个重要依据。至于,"行政程序轻微违法,但对原告权利不产生实际影响的"规范性内涵究竟该是什么? 本书将沿着程序违法性程度所指引的方向继续给出笔者的见解、分析与论证。

---

　　① ［德］哈特穆特·毛雷尔:《行政法学总论》,高家伟译,法律出版社 2000 年版,第 259 页。

第三章

确定判决适用标准的基础理论

　　判决类型体系初步解决了行政程序违法司法审查"单一化"处理的弊端，为理性协调程序独立价值与我国现实的行政执法实践水平之间的冲突，提供了制定法上的依据，因而具有重要的理论与实践价值。但是，正如在论述判决类型体系过程中反复提到的，判决类型体系是建立在程序违法性程度的基础上。程序违法性程度的等级区分所表征的是程序制度价值的受损程度，即程序违法性程度越高则程序制度价值的损害越严重。与之相应，程序制度价值的损害程度标示出程序制度功能的实现程度，只是两者之间成反比例关系。

　　判决类型体系中具体判决类型适用标准的边界，决定于行政程序制度价值本身损害程度以及制定法对之明晰的界定。实践中，最能体现程序制度价值受损程度的是程序制度功能的实现程度。因此,本章从程序制度的价值与功能关系着手,从理论上进一步探索、分析行政审判中违反法定程序不同判决类型适用标准之间的实质性的确定性的边界。

第一节　程序价值与制度功能之间的关系

一、价值与功能的含义

何谓"价值",这是一个在法哲学上充满争议性的概念,主流的观点认可"价值"论中的"关系说"①,即"认为价值是任何客体的存在、属性、作用等对于主体(人类或一定具体的人)的意义(它有时被简单地表述为'客体满足主体的需要')。"②对"价值"内涵的理解一般是从以下三个层次:(1)客体本身具有的作用或者功能的属性是价值产生的客观基础,归属"实然性";(2)"满足"并非主体被动的满足,而是主体对客体在评价与追求中"满足",因此,"价值"烙上深深的"应然性";(3)"应然性"不能脱离"实然性"而存在,且"应然性"的"满足"程度取决于"实然性"的实现程度。③

什么是功能? 功能是指事物或方法所发挥的有利作用和效能,④也可谓之为"功效"或"作用",多指器官和机件而言。⑤ 从

---

① 张恒山:《"法的价值"概念辨析》,载《中外法学》1999 年第 5 期(总第 65 期)。
② 李德顺:《价值与"人的价值"辨析》,载《天津社会科学》1994 年第 6 期。
③ 张恒山:《"法的价值"概念辨析》,载《中外法学》1999 年第 5 期(总第 65 期)。
④ 参见倪文杰等主编:《现代汉语辞海:注音、释义、词性、构词、连语》,人民中国出版社 1994 年版,第 303 页。
⑤ 参见《辞海》,上海辞书出版社 1979 年版,第 508 页。

功效或作用的中性角度看,功能是客体本身具有的可被使用的
属性,归属"实然性"。

二、行政程序价值与其功能之间的关系

价值和功能之间存在着怎样的关联?笔者的理解为,功能
归属价值内涵中的"实然性"范畴,是主体评价与追求的对象,
主体的满足程度取决于功能的实现程度。

当我们在价值与功能前同时加上行政程序的限定时,对行
政程序价值及其功能的理解将会变得更为复杂,原因在于,行政
程序本身并非是一个"纯粹"的客观存在。我们究竟该如何认
识行政程序的价值与行政程序功能之间的关系?正确认识的关
键环节在于如何认识行政程序的功能。

行政程序客观性的"不纯粹"的确会"稀释"人们对程序功
能客观性的认知。有学者将行政程序的功能定义为"行政程序
因其存在和展开所发挥的功效和作用",并对其解释,"一般情
形下,人们设计行政程序之际的初衷经由功能的发挥而转化为
现实。但也不能排除行政程序设计时人们所持特有预期和意愿
对其功能发挥的消极导向作用,以及在程序展开过程中参与主
体意志和外围环境造成的功能阻滞。较之行政程序的价值,行
政程序功能的发挥处于一种'自在'状态,具有相对的独立性。
行政程序在实际运行中发挥一定的功能,其中蕴涵人们设计程
序之初的某种期望和理想,但又不以这些期望和理想为依归,行

政程序的功能并不止于设计者所预期的范围和程度。"①从该学者的解释中,不难获知,行政程序的功能本身具有强烈的主观评价与追求。

事实上,行政程序功能所具有的这种主观评价与追求并不损害价值与功能之间的基本关系。因为行政程序的功能的定义是学者从制度规范的层面作出,规范本身必然蕴含着主体的价值判断与追求,更重要的是这种价值判断与价值和功能关系中的价值判断是一致的且是同一过程。行政程序制度规范的构建过程本就是立法者对行政程序功能的主观评价与追求过程,当行政程序制度化完成后,这一制度化的功能中若不含有立法者的主观意志才是不可理解的。

综合上述,本书认为:(1)行政程序的价值本源上取决于行政程序的功能。(2)在规范性的制度层面,行政程序制度的构建过程完成也即行政程序价值的确立过程。当行政程序完成法律制度化后,行政程序的价值就转化为借由程序制度化的功能来加以实现的。(3)程序法律制度功能的实现程度外化和衡量行政程序价值的"满足"程度。

---

① 崔卓兰、闫立彬:《行政程序的价值与功能》,载《宪政与行政法治评论》2005 年第 2 期。

第二节　行政程序价值实现的法律路径

一、行政程序价值及其制度化

（一）行政程序的价值

行政程序究竟具有怎样的价值,国内诸多学者对此问题进行了研究。为讨论上的方便,笔者以学者陈端洪的论述为基准,此前的论述为早期,此后的论述为近期。

早期对行政程序价值进行专门研究的学者,本书选择较有代表性的章剑生与王锡锌两位。学者章剑生认为:行政程序的基本法律价值有三种:(1)扩大公民参政权行使的途径,(2)保护行政相对人的程序权益,(3)提高行政效率。[①] 学者王锡锌认为,"应当把保证行政活动的效率及行政过程的公正作为两个基本的价值目标。"公正的内容包括:(1)对相对人权益的保障,(2)确认相对人了解行政过程、参与行政过程的权利,(3)行政过程的公平和无偏私,(4)行政活动过程顺序的合理性。效率的内容为:(1)行政活动过程应贯彻经济、便利原则,(2)应保持行政机关进行有效管理的灵活性,(3)行政程序的可操作性与规范性。[②] 从两位学者对行政程序价值的相关论述看,初期学

[①] 章剑生:《行政程序的法律价值分析》,载《法律科学》1994 年第 3 期(总第 55 期)。

[②] 王锡锌:《行政程序法价值的定位——兼论行政过程效率与公正的平衡》,载《政法论坛》(中国政法大学学报)1995 年第 3 期。

者们对行政程序的价值研究更多的是停留在对行政程序制度的解读上,而非一个体系性、应然性的论证。

学者陈端洪引进了美国法学家罗伯特·萨默斯的"程序价值"理论,"法律程序的价值可以分为两种:一是作为达求良好结果的手段,二是程序自身的德性。因此,评价某种法律程序有两条标准:一是'结果有效性'(good result efficacy),二是'过程价值有效性'(process value efficacy)。偏重前者的观点可简单称为程序工具主义,偏重后者的称为程序本位主义。"借此主要是为讨论刑事诉讼程序中程序的价值与分类问题,并从规范的角度分别讨论了程序的功利价值、形式公正、个人尊严以及效益四个方面的价值。[①] 根据写作时间上的推测,程序价值的"工具主义"与"本位主义"很快为行政法学者吸收。行政法学者高树德、宋炉安提出的行政程序价值可分为行政程序的外在价值与行政程序的内在价值的观点就是最好的例证,[②]尽管在论证的视角上有所不同;学者王万华在其博士论文中同样引用了萨默斯的程序法理论,程序独立价值的评价标准为:实现参与性统治、程序理性、对人的尊严的尊重等。在此基础上,该学者明确指出,程序正义理论的核心内容是"通过公正程序保护受法律决定影响人的权利,并对权力进行制约"。[③] 这一时期学者共同的理论贡献在于,使得行政程序的独立价值成为至少是学术界

---

① 陈端洪:《法律程序价值观》,载《中外法学》1997 年第 6 期(总第 54 期)。

② 高树德、宋炉安:《行政程序价值论——兼论程序法与实体法的关系》,载《行政法学研究》1998 年第 4 期。

③ 王万华:《行政程序法研究》,中国法制出版社 2000 年版,第 59 页。

关注的焦点,人们对行政程序价值的讨论进入思辨的理性研究新阶段。

　　近期学者在行政程序价值的研究路径上,遵循"在抛弃程序工具主义观之后,既承认程序相对于实体的工具属性,同时亦承认程序的独立价值和自身'内在品质'。这种折中的程序价值观反映在行政程序中,就是强调程序的公正价值的同时,仍然看重程序在提高效率和维护秩序方面的价值。"①如周佑勇、李煜兴认为:"行政程序之价值应当包括三个层次,一是目的价值,二是表式价值,三是评价标准。"在其论证过程中:首先,论者将程序的工具价值即"外在价值"排除在程序价值之外;其次,在程序的独立价值之下分别论证程序的首要价值与形式价值,程序的首要价值为正义与效率,程序的形式价值为程序"善"的品质所具有的评价性。② 学者周安平认为,行政程序的价值在于建立秩序与追求行政公正。"将建立行政秩序作为行政程序法的价值,可以避免行政行为的无序化,从而建立包括市场经济秩序在内的各种行政法律秩序,为行政相对人营造一个自由、安全、稳定的社会环境";"公正的行政程序法要求合理分配行政主体与行政相对人的利益,将行政权力纳入真正服务于民的法治轨道,而不仅仅停留于政治的口号。如果行政程序法缺失公正,只会沦为国家权力统治的工具,只会成为人治的'合

────────────

　　①　马怀德:《行政程序法的价值及立法意义》,载《政法论坛》(中国政法大学学报)第 22 卷第 5 期,2004 年 9 月。

　　②　周佑勇、李煜兴:《行政程序的价值定位》,载《法学杂志》2002 年第 3 期(总第132 期)。

法'理由,只能靠强权以维持。"①

综合不同时期学者们对行政程序价值的论述:首先,学界对程序价值的讨论是立足于制度规范层面展开各自论述,而非起始于程序的"原初"作用;更准确地说,学者们的程序价值论是建立在哲学论证基础上的"二次"论证,其代表性的哲学背景为边沁的功利主义、罗尔斯的正义论与萨默斯的法律程序价值论。其次,对行政程序价值的主流观点,倾向于认同法律程序具有自身的独立价值。学者们通过对法律程序独立价值的系统阐释与论证,其目的都在于为行政程序法规范确立行政程序的独立地位和对立的评价标准提供正当性的理论支撑。最后,学者们对程序的工具价值要么采取回避的态度,要么仅是指出程序工具价值论有可能会导致法律上的程序虚无主义,但并未分析程序工具论和程序虚无主义之间是否存在着某种必然的内在关系。

本书的观点是,认同程序具有独立价值的主张,但不认为程序工具论会必然导致法律上的程序虚无主义,即不否认程序的工具价值。程序既担保着结果的正确性,又正当化着结果的正当性,是正确性与正当性的统一,程序本身承载着过程正当性与结果正当性。也就是说,程序在规范的意义上应确立这样的一种理念与信仰:经过某种被认为是符合"正当性"要求的程序,结果也就被认为是正当的。

---

① 周安平:《行政程序法的价值、原则与目标模式》,载《比较法研究》2004年第2期。

就行政程序而言,程序独立价值论所主张的参与性、人的主体性尊严等,为行政程序中赋予当事人以相对独立的主体地位,而非为行政权力指向的客体,提供了理论上的有力支撑;行政程序中,程序当事人维护自己的程序地位理所当然,但是,当事人在维护自己独立地位的同时并未放弃对自己实体利益的维护,也就是说程序中的独立地位是为更有利于维护当事人实体上的利益,但并不依赖于实体利益。事实上,无论是实体正义还是程序正义皆依赖于对法律理想的信守与法律的严格实施,尤其是在法的实施过程中,如果我们能够谨守形式法治,只于极端情形下以实质法治修正形式法治,那么程序的独立价值对程序的工具价值就可产生"吸收"效应,而不是必然的对立。德国联邦行政程序法的"备用"性格,并未导致德国法律实践过程中程序虚无主义的出现,便是对此最有力的实践证明。

(二) 行政程序价值的制度化

1.行政程序价值制度化的原因

首先,"法律只保护法的正义,而不保护道德正义。"①行政程序的价值本身并不必然对行政主体具有强制性的约束力,法律上的程序制度构建是行政程序价值得以实现的前提条件。行政程序价值如果仅仅停留在纯粹的道德层面,那它也

---

① 高树德、宋炉安:《行政程序价值论——兼论程序法与实体法的关系》,载《行政法学研究》1998 年第 4 期。

就是一种政治道德。"马克思认为道德是人类精神的'自律',这是道德区别于其他社会规范的本质性特征","道德主要指示人们选择怎样的内心信念,而法律主要规范人的外部行为。"①西方的政治哲学同样认为,"如果是天使统治人,就不需要对政府有外来的或内在的控制了。"②因而,行政程序的价值必须转化为法律上的程序制度,通过法治的路径得以实现。"法律是对社会成员进行'他律'的最重要的社会规范,就需要程度最前的强制手段——国家强制——最为其得以实现的保证。"③

其次,我国奉行"议行合一"政治体制,这一体制下,无论是行政机关还是司法机关都是权力机关的执行机关,执行着权力机关的意志——"法",而不可能"自主"地执行某种思想、理论或原则。因此,程序价值要想实际地发挥其对行政权力的规制以及对公民权利的保护作用,也必须通过法治路径,先由法律对其加以确认且进行相应的程序制度构建,"法律以制度化的方式运作。"④

2. 行政程序制度

何为行政程序制度? 笔者检索的文献表明,论述行政程序法提及程序制度这个概念的文献较多。例如学者罗豪才早在

---

① 葛洪义主编:《法律学教程》,中国政法大学出版社 2004 年版,第 312 页。
② [美]汉密尔顿等:《联邦党人文集》,程逢如译,商务印书馆 1980 年版,第 143 页。
③ 葛洪义主编:《法律学教程》,中国政法大学出版社 2004 年版,第 313 页。
④ 徐显明主编:《法理学原理》,中国政法大学出版社 2009 年版,第 169 页。

1989 年论述行政程序法基本原则时就将曾论及行政程序法的
制度,①其后论及行政程序制度的学者有姜明安、江必新、应松
年、章剑生等。② 综合学者们使用程序制度这个概念的语境判
断,一般是在两个维度上使用程序制度这一概念:一是以程序制
度概括所有的程序规则,如完善行政程序制度建设就是在这个
意义上使用;二是程序制度指向某一具体的程序制度,如送达制
度、告知制度、听证制度、公示制度等。

　　虽然我国至今没有一部统一的行政程序法典,但并不因此
得出我国就缺失行政程序性制度的结论。我国大量的行政程序
性规范规定于行政行为法或是部门行政法之中。例如:《行政
处罚法》第 31 条规定了告知制度、说明理由制度,第 32 条规定
了陈述申辩制度,第 34 条规定了表明身份制度,第 38 条规定了
集体讨论制度,第 40 条规定了送达制度,第 41 条规定了违反重
要法定程序的后果,特别是第 5 章第 3 节专门规定了听证制度
等;又如:《行政许可法》第 5 条规定了信息公开制度,第 7 条规
定了陈述申辩制度,第 30 条规定了公示制度,第 32 条规定了受
理制度,第 42 条、第 43 条、第 44 条规定了时效制度,第 4 章第 4
节专门规定听证制度等;再如:《强制执行法》第 3 章规定的行
政强制措施实施程序中就包括批准程序、表明身份程序、告知程

---

　　① 参见罗豪才主编:《行政法学》,中国政法大学出版社 1989 年版,第 252—
253 页。
　　② 参见应松年主编:《当代中国行政法》(下卷),中国方正出版社 2004 年版,第
1339 页。

序、陈述申辩程序等,第4章规定的行政机关强制执行程序中除第3章中的程序制度,还规定了催告程序制度;其他如《治安处罚法》《工商行政管理机关行政处罚程序规定》等法律文件,特别是《行政复议法》中,同样存有大量的程序性规定。这些法律文件中的程序性规范经由合逻辑性与合目的性的组合,构成了相对比较全面的程序制度体系,例如:行政公开制度、受理制度、表明身份制度、调查制度、告知制度、听证制度、说明理由制度、陈述申辩制度、禁止单方接触制度、职能分离制度、机关协作制度、回避制度、教示制度、合议制度、顺序制度、时效制度、批准制度、审批制度、审核制度、送达制度、隐私权保护制度等,共同承担着我国程序法治的使命。"价值构成了法律制度追求的社会目的,反映着法律创制和实施的宗旨,它是关于社会关系的理想状态是什么的权威性蓝图。"①

3. 我国制定法中行政程序制度所欲实现的程序价值

我国既为成文法国家,又奉行"议行合一"的政治体制,故就司法审查而言能对行政审判产生实质约束力的不是学理上的价值学理论,而是实证法中为程序制度所规定的且欲实现的程序价值。因此,明确我国实证法中的程序价值,对行政程序合法性审查的指示意义更为重大。

第一,行政程序具有独立价值。1989年《行政诉讼法》第54条规定,对违反法定程序的行政行为,人民法院可判决撤销,从而

---

① 张文显主编:《法理学》(第四版),高等教育出版社、北京大学出版社2011年版,第252页。

使行政程序的独立价值在我国首次得到诉讼法上的确认。1996年的《行政处罚法》第41条有关无效制度的规定,标志着行政程序的独立价值首次得到"行政程序法"本身的确认。此后的《行政许可法》及其他行政程序性法律几乎对此都作了类似的规定。

第二,程序当事人的尊严价值。1996年《行政处罚法》第31条、第32条及第5章第3节的规定在我国程序法治史上有着开拓性的意义。这些程序性规范所构建的告知制度、陈述申辩制度、听证制度,旗帜鲜明地赋予了程序当事人的主体尊严与地位,该法中的其他程序性条款,绝大多数直接或间接地与程序当事人主体尊严或地位有关。如果说《行政处罚法》仅表明处罚类行政程序中确立了程序当事人的主体尊严价值,那么2004年的《行政许可法》中,以听证制度为核心的一系列的程序制度的规定则表明,非处罚类行政领域中,程序当事人的主体尊严价值同样得到法律的明确认可。这种认可亦为2012年《行政强制法》中的程序制度规定所延续。

第三,程序的效率价值。行政程序是否追求效率价值,学术上存有争议。就实证法的规定看,行政程序制度当然体现着人们对效率性的追求。程序的效率性追求通过以下程序制度得以体现:首先,立法者针对不同的行政行为差别性设置程序制度,例如正式听证制度与非正式听证制度的区别适用,特别是非正式听证制度的广泛适用与具体方式的裁量性适用。其次,行政程序有着对行政行为正确性的"担保"功能。无论是就行政主体准确地认定事实与正确地适用法律还是相对人的接受或承认而言,告知制度、陈述申辩制度、听证制度等因可以减少错误的概率而对行政效率都有正面的提升意义。最后,时效制度无疑是最直接地促进行政机关提升行政效率的有力手段。违反程序制度的规定,不仅是程序违法也是对程序效率价值实现的阻碍。

第四,秩序价值。"如果没有一个安全的环境能让人们放心地享受其合法利益的话,人类的一切活动就失去了最起码的条件。所以,任何社会都需要建立一个正常的社会生活秩序。"①行政程序制度体现着对秩序的追求,既是行政程序法作为法的组成部分所追求的法的共同价值,同时也是行政程序法自身追求行政管理行为法治化的必然逻辑结果。行政程序制度化、法治化能在较大程度上改变"行政行为的突然性、特殊性、不一致性"以及"行政行为始终处于变化不定、忽左忽右的领导人的意志之中"的人治困局②,将行政权的行使纳入法治化、程序化的轨道,从而使得行政权的行使有了一定程度的稳定性、普遍性与可预测性。

二、行政程序制度功能实现的法律机制

(一) 学界对行政程序制度功能的研究及启示

对于行政程序制度的功能,学者们一般都从行政程序法的

---

① 张文显主编:《法理学》(第四版),高等教育出版社、北京大学出版社 2011 年版,第 263 页。
② 周安平:《行政程序法的价值、原则与目标模式》,载《比较法研究》2004 年第 2 期。

整体功能予以研究和论述。学者王万华认为,行政程序法的主要功能有 3 项:(1)保证实体法正确实施,实现实体正义;(2)制约行政权力,保护相对人的权利,保证行政过程的公正,实现程序正义;(3)实现资源合理配置,提高行政效率。① 学者崔卓兰、闫立彬撰文指出,"行政程序在实际运行中发挥一定的功能,其中蕴涵人们设计程序之初的某种期望和理想,但又不以这些期望和理想为依归,行政程序的功能并不止于设计者所预期的范围和程度。"由此,两位学者认为行政程序的功能主要体现在 3 个方面:(1)形成权利—权力博弈模型,完成主体角色定位;(2)规范、监督行政权行使,改善行政权运作效果;(3)实现并优化法律实施,维续法律秩序和社会稳定。② 我国台湾地区学者汤宗德在借鉴美国学者有关行政程序 5 种功能论述的基础上,认为,行政程序法的功能有 6 项:(1)深化民主原则;(2)确保依法行政;(3)保障人民权益;(4)提高行政效能;(5)维护权力分立原则;(6)加速"行政法"的法典化。③

综合学者们对行政程序制度功能的研究成果,以此对比我国实证法上一系列的行政程序制度规定,不难看出:(1)西方的或说一般性的行政程序制度的整体功能与我国制定法上行政程序制度所欲追求与实现的行政程序功能(价值)基本上一致,即行政程序制度体系主要发挥着对公民权利的保护、对公共管理

---

① 王万华:《行政程序法研究》,中国法制出版社 2000 年版,第 34—46 页。

② 崔卓兰、闫立彬:《行政程序的价值与功能》,载《宪政与行政法治评论》2005 年第 2 期。

③ 翁岳生编:《行政法》(下册),中国法制出版社 2009 年版,第 926—948 页。

秩序的维持、对正确性的担保、对行政效率的促进诸种功能。
(2)我国制定法上的程序制度规定以及程序学理研究均表明，
人们对程序价值的追求需要经由法律的程序制度功能的转化，
并依赖于国家强制力的保障，行政程序的诸种价值才能得以实
现。学者王万华就曾明确指出，"行政程序法规定了行政机关
的程序权及相对人的程序权利，以权利制约权力，保证了行政的
公正"①；我国台湾地区学者汤宗德亦曾系统介绍美国行政程序
法上的正当程序权、法国行政法上的"防御权"理论、德国基本法
上的基本权理论。② 这些研究与介绍为我们进一步认清行政程
序制度功能发挥及其功能实现的机制奠定了坚实的理论基础。

（二） 行政程序制度功能发挥的实践形态

无论是从行政程序法还是从整体的行政程序制度的角度讨
论行政程序的功能，其基础都离不开对实践中具体行政程序制
度功能发挥的考察；也就是说，具体行政程序制度的功能是我们
认识整体程序制度功能的起点。

1.具体行政程序制度的特征

学者孙国华主编《法理学教程》中认为，"有时，法律制度指
有共同调整对象从而相互联系、相互配合的若干法律规则的组
合，如所有权制度、合同制度等具体制度……有时，法律制度的
含义比上述含义大得多，它包括法（法律规则）又大于法，是一

---

① 王万华：《行政程序法研究》，中国法制出版社 2000 年版，第 35 页。
② 翁岳生编：《行政法》（下册），中国法制出版社 2009 年版，第 1003—1013 页。

个国家整个上层建筑的系统。"①西方学者认为:"法律制度从它的意义上看是一种规范制度,其结构可以用规范——逻辑术语来说明,而且它建立在目的论和价值——导向的基础上。"②综合中西学者的论述,笔者以为,具体行政程序制度的鲜明特征,不在于因有共同调整对象或法律关系的程序规则的集合,而在于其有着明确的目的性与价值导向性的功能性规则的集合。

具体行政程序制度通过其集合的制度功能,既充分体现着行政程序的价值追求又兼有程序规则的规范性与操作性;不仅符合行政程序制度过程性的动态情形,同时又能很好地契合行政程序是由方式、步骤、顺序及时限等因素构成的静态描述特点。更为重要的是,作为功能性的集合,程序制度功能是程序规则集合的整体功能,这一整体功能不被理解为是单一程序规则功能的简单相加。这就意味着存在着这样的可能:组成具体行政程序制度的程序规则有些是主要的,有些可能是次要的。当次要的程序规则未能得到有效的遵守时,并不影响具体行政程序制度整体功能的实现;当主要的程序规则未能得到有效遵守,具体行政程序制度的整体功能当然也就没有实现的可能。

2. 具体行政程序制度功能的实现情形

具体行政程序制度于实践运行过程中会产生怎样的情形?行政执法实践表明,具体行政程序制度于实践运行过程中一般

---

① 孙国华主编:《法理学教程》,中国人民大学出版社 1994 年版,第 226 页。
② [英]麦考密克、[澳大利亚]魏因贝尔格:《制度法论》,周叶谦译,中国政法大学出版社 2004 年版,第 136—137 页。

会存在以下四种可能性情形：

第一种情形，具体行政程序制度完全被虚置，行政权力根本未按行政程序设定的轨道运行。这种情形下，行政程序制度的功能自然没有实现的可能。此种类型的案例：如"王丽英不服江西省信丰县公安局消防科行政处罚决定案"，①该案中，依据公安部的规章规定，信丰县公安局依职权在对火灾事故责任人即本案原告王丽英进行处罚时，理应向王丽英出具《火灾原因认定书》及告知原告如对火灾原因认定不服，可以提出重新认定，但本案被告却未依照执行；又如"周仰东诉厦门市公安局交通警察支队思明大队道路交通行政强制措施案"，②该案中因周仰东未悬挂号牌，且挡风玻璃内的车辆识别卡码被卡片遮住，致使思明交警大队无法通过检索车辆信息的方式获得车辆所有人的联系方式。执勤民警在拖移违法停放的机动车后，只是将处置情况反映至厦门市公安局110指挥中心，未按公安部《道路交通安全违法行为处理程序规定》第32条的规定，设置拖移机动车专用标志牌明示，也未在合理的时间内采取积极的方式查找并通知车辆所有人；再如"新疆维吾尔自治区地方税务局稽查局与新疆瑞成房地产开发有限公司税务行政处罚案"中，③税务局在向瑞成房地产开发公司发出税务检查通知时，未告知瑞成

① 参见最高人民法院中国应用法学研究所编：《人民法院案例选》（1992—1999年合订本，行政卷上），中国法制出版社2000年版，第60页。
② 参见国家法官学院案例开发研究中心编：《中国法院2014年度案例》，中国法制出版社2014年版，第217—219页。
③ 来源中国裁判文书网，(2014)乌中行终字第95号。

房地产开发公司享有申请回避的权利。此引三则案例均表明，相关行政程序法律中所规定的告知制度根本未得以运行，该告知制度的功能当然也就没有实现的余地。

第二种情形，行政权力的运行形式上符合某一程序制度的若干程序规则，但违反该程序制度构成规则中的主要程序规则，从而使得该程序制度的功能得不到有效的实现。如"四川省南充市顺庆区源艺装饰广告部诉四川省南充市顺庆区安全生产监督管理局安全生产行政处罚案"中，①南充市顺庆区安全生产监督管理局以邮寄的方式送达行政处罚告知书，但因该通知书所载地址不详及查无收件人而被邮局退回，源艺装饰广告部当然未能收到行政处罚告知书；又如"陈刚诉句容市规划局、句容市城市管理局城建行政命令案"中②，两被告在各自职权范围内负有对城乡规划及城市市容与环境卫生进行管理的行政职责，但是两被告所作责令原告限期拆除所建亭棚的《限期拆除通知书》未适用具体法律条款，未告知原告享有陈述申辩的权利；再如，"巢湖市国土资源局等与金家民等土地、林地行政处罚上诉案"中，"被告在作出行政处罚决定之前，告知当事人作出行政处罚决定的事实与其所作出行政处罚决定认定的事实不符，不符合程序法律的规定。"③

---

① 中华人民共和国最高人民法院行政庭编：《中国行政审判案例》，中国法制出版社 2011 年版，第 205 页。

② 中华人民共和国最高人民法院行政庭编：《中国行政审判案例》（第 3 卷），中国法制出版社 2013 年版，第 129 页。

③ 来源北大法宝网，(2015)亳行初字第 00015 号。

第三种情形,行政权基本按照行政程序所设定的轨道运行,但存在局部"越轨"情形。换言之,行政权的运行遵循了主要的程序规则,但不符合某一程序制度构成的次要程序规则。这种情形的程序违反并不伤及该程序制度整体功能的实现。此类情形的案例,如"江苏金达新能源发展有限公司与沭阳县人力资源和社会保障局工伤确认案"中,①被上诉人提供的对原审第三人及杨桂花的调查询问笔录中只记录了一名执法人员的执法证号,且该调查取证是在被上诉人单位的办公场所进行的。客观效果上,上诉人知晓调查人员系被上诉人的工作人员,调查询问笔录中也明确记载了两名以上工作人员姓名,仅存在记录内容不完全符合相关的程序规定,但这种程序上的违反并不影响表明身份制度功能的真实的有效的实现;又如"大连安鑫房地产代理有限公司与大连市人力资源和社会保障局因工伤认定上诉案"中,②大连市人社局进行工伤认定调查过程中,制作调查笔录时,存在未记载告知被调查人执法人员情况、受理工伤认定申请表中日期与工伤认定决定书中受理日期书写不一致的情形。这些记录上的错误,并未影响调查程序制度功能实际的有效的实现。

第四种情形,行政权的运行完全遵守行政程序规则的规定,行政程序制度的功能得以完美实现。

---

① 来源中国裁判文书网,(2014)宿行终字第00052号判决书。
② 来源北大法宝网,(2015)大行终字第244号。

（三）行政程序制度功能实现的法律机制

行政程序制度作为一种法律制度,其功能的实现机制必然遵循着法的一般性作用和实现机制,即"法通过规定人们的权利和义务,以权利和义务为机制,影响人们的行为动机,指引人们的行为,调节社会关系。法律所规定的权利和义务不仅指个人、组织(法人)及国家(作为普通法律主体)的权利和义务,而且包括国家机关及其公职人员在依法执行公务时所行使的职权和职责。"①因此,就行政程序制度功能的实现而言,根本上取决于两个方面,一方面是行政主体程序义务的履行,另一方面是行政相对人的程序权利的实现。"权利和义务是法律规范的核心内容,一个标准之所以被称为法律规范,就在于它授予人们一定的权利,告诉人们怎样的行为和主张是正当的、合法的、会受到法律的保护;或者给人们设定某种义务,指示人们怎样的行为是应为的、必为的或禁为的,在一定条件下会由国家权力强制履行或予以取缔。"②这为我们从法律层面探究程序制度功能的实现情况指明了方向,即程序制度功能的实现依赖于行政主体程序义务的履行,依赖于行政相对人的程序权利的实现。

1. 行政主体的程序义务

学界论述行政主体义务的专业性文献极少,就论文而言,笔

---

① 张文显主编:《法理学》(第四版),高等教育出版社、北京大学出版社 2011 年版,第 46 页。

② 张文显主编:《法理学》(第四版),高等教育出版社、北京大学出版社 2011 年版,第 92 页。

者能收集到的具有代表性的为关保英与李牧两位学者发表的论文。学者关保英认为:"行政主体的义务范畴是就行政主体义务的外延而言的,指行政主体在一国行政法制度的框架之下对行政相对人、国家、立法和司法机关等所承担的义务体系。义务范畴不同于某一个义务,某一个义务是行政主体在一个具体的行为过程或具体的行政法关系中所负担的义务,义务范畴则是将义务作为一个整体或抽象形式而对待的。"①至于行政主体义务的来源,该学者在综合前人研究成果的基础上并结合我国实证法的规定,将其划分为3个不同的层次:第一层次,行政主体义务来源于宪法,并通过宪法形成一个相对概括的义务范畴;第二层次,行政主体义务来源于立法机关制定的法律规则,法律规则上的行政主体义务更具有实际的可操作性;第三层次,行政主体义务来源于具体的行政法律关系,行政法律关系中行政相对人享有的权利就构成了行政主体的义务。前两个层次上的义务归属宪政视角下的行政主体义务范畴,具体包括四个方面:(1)推行宪法和法律的义务;(2)接受立法和司法监控的义务;(3)改善社会环境和促进社会发展的义务;(4)使国内事务与国际事务接轨的义务。第三层次为行政相对人权利视角下的行政主体义务范畴,其内容为:(1)为行政相对人提供利益和保护的义务;(2)平等对待的义务;(3)行政行为说明理由的义务;(4)承担赔偿责任的义务。学者李牧认为:"所谓行政主体义务是指

---

① 关保英:《行政主体的义务范畴研究》,载《法律科学》(西北政法学院学报)2006年第1期。

依据行政法律规范设定或通过其他合法的方式产生的,行政主体从事特定行为的法律要求或约束,亦即行政主体负有的作为、容忍和不作为义务。"[1]在此定义下,该学者进一步指出:行政主体义务是一种法律义务,而非其他性质的义务;行政主体义务是行政法上的公义务;行政主体义务不同于职务义务,职务义务是公务员基于其"公职"而产生的义务;行政主体义务主要是维护公共利益和保障相对人合法权益的义务。因此,行政主体义务具有专属性、强制性、并存性特征。

综合上述学者对行政主体义务的研究可知:第一,行政主体的义务并非仅仅与相对人的权利对应而存在,行政主体履行义务的对象是多元的,既可能是立法机关,也可能是司法机关;有可能是行政系统内部的上级机关,也有可能是行政相对人。第二,行政主体的义务是法定的,其产生的依据是法律规定,而非行政机关自律的伦理道德。第三,行政主体义务的履行同样以国家强制力为保障,违反法定义务则承担相应的法律责任。"义务应当是设定或隐含在法律规范中、实现于法律关系中的、主体以相对受动的作为或不作为的方式保障权利主体获得利益的一种约束手段。"[2]

行政主体的程序义务应该如何界定? 行政程序是"行政权力运行的程序,具体指行政机关行使行政权力、作出行政决定所

---

① 李牧:《行政主体义务的法律内涵探析》,载《武汉大学学报》(哲学社会科学版)第 64 卷第 4 期,2011 年 7 月。

② 张文显:《法理学》,高等教育出版社、北京大学出版社 1999 年版,第 86 页。

遵循的方式、步骤、时间和顺序的综合。"①据此可知,行政程序是个动态的过程。在这个过程中,行政主体的程序义务极少仅以某种单一情形存在,而应是由一系列的法定的义务群组成。正是这些义务群约束着行政主体的行为,预设着法律设定的价值追求,并由国家强制力予以维护,以保证行政主体的程序义务得以履行。基于这样的认识并结合学者们对行政主体义务的研究成果,本书认为,行政主体的程序义务是指法律规定的,行政主体于行政程序过程中以相对能动的作为或不作为的方式保障程序活动良性运行的一种约束手段。

行政主体的程序义务表明:

第一,行政主体的程序义务是为行政主体义务中的一种,有着行政主体义务所有的一般特征。行政主体的程序义务并不必然的仅与行政程序中相对人的程序权利相对应,行政主体的程序义务履行对象是多元的;行政主体的程序义务同样是以国家强制力保障其得以履行,违反法定程序义务当然需承担相应的法律责任;义务主体仅指行政主体,而不包括相对人于行政程序中负有的协力义务或其他法定义务。

第二,行政主体的程序义务体现着立法者对特定行政程序价值的追求。"行政主体义务的成立,要求必须具有法律或职权上的依据"②,即行政主体义务的成立要么是法律直接规定,

---

① 王万华:《行政程序法研究》,中国法制出版社 2000 年版,第 3 页。
② 关保英:《论行政主体义务的法律意义》,载《现代法学》第 31 卷第 3 期,2009 年 5 月。

要么与其职权相伴而生。但无论是法律直接设定还是因其职权而产生行政主体义务，义务的内容都体现着立法者预设的价值追求。行政主体的程序义务是行政主体于行政权运行过程中为实现立法者所欲追求的程序价值而负有的法定义务，义务的重要性程度随立法者预设价值的重要性程度而定。

第三，行政主体的程序义务的实现程度表征着行政程序价值与功能的实现程度。行政程序是行政权的运行过程，所以行政主体的程序义务一般情形下是一系列的程序义务的组合，"行政主体义务是一个复杂的义务链条。"①只有当这一系列程序义务的组合得以充分履行，立法者所设定的行政程序价值才可以得以圆满实现，也就是说，在相对人合作的情形下，行政程序价值的实现程度取决于行政主体程序义务的履行程度。

2. 行政相对人的程序权利

行政程序中行政相对人享有程序性权利在西方发达国家早已是成熟的法治实践。相对人的程序性权利在英美法系国家不仅为行政程序法所规定，如美国的联邦程序法典第 702 条的规定，更是作为一项宪法性权利而存在，如《美国联邦宪法修正案》第 5 条正当法律程序条款是规定在权利法案当中，个人的宪法性的权利属性清晰无疑②。大陆法系国家德国通过程序基本权解释出并承认程序基本权的个人的主观权利属性，《德国

---

①　关保英：《论行政主体义务的法律意义》，载《现代法学》第 31 卷第 3 期，2009 年 5 月。

②　参见 Paul Craig, Administrative Law, Sweet & Maxwell Inc., 2008, p.372。

联邦行政程序法》更是系统地规定了公民于行政程序中享有程序性权利,如该法第 25 条规定了咨询权和告知权、第 28 条规定了听证权、第 29 条规定了阅卷权、第 30 条规定了保密权①。

　　笔者收集的文献显示:我国学者对行政相对人的程序权利的关注不晚于 1992 年,当时已有学者著文讨论行政程序权利与义务的关系,"在行政法律关系中,以行政机关为一方,以相对人为另一方,都有程序权利和义务。在我们讨论程序权利与义务是否独立存在,从而能否追究法律责任时,实际生活中,相对人一方的程序义务,即行政机关的程序权利,实际上早已独立存在,并严格依照规定追究责任。这种程序义务大都由单行的法规、规章规定。"②但对行政相对人的程序权利展开深入研究的文献要晚至 2000 年左右。

　　2000 年,学者郭曰君从公民权利运行理论与正当法律程序原则着手,首先论证公民于法律程序中享有程序权,"程序权利是指为制约国家机关的权力,保障公民实体权利的实现,在一定的法律程序中为公民设定的权利。"在此定义下,该学者详细论证了程序权利的三个特征:第一,程序权利的权利主体是公民,义务主体是国家机关。程序权利是以国家机关的程序义务为存在条件。如果国家机关不履行其程序义务,则为侵害程序权利,而应承担相应的法律责任。第二,程序权利的设定目的是通过

---

　　①　参见毛雷尔:《行政法学总论》,高家伟译,法律出版社 2000 年版,第 467—472 页。

　　②　罗豪才、应松年主编:《行政程序法研究》,中国政法大学出版社 1992 年版,第 4 页。

制约国家机关的权力以保障公民实体权利的实现。程序权利是
实体权利的自然延伸,对实体权利有一定的依附性,但并不直接
包含具体的实体利益。第三,程序权利具有相对的独立性。程
序权利虽为实体权利的自然延伸,但程序权利一经法律确认就
具有相对的独立性,不因实体权利的实现与否而变化。行政程
序为法律程序的一种,因此,该学者在程序权的基础上进一步界
定行政程序权及其权利内容,"行政程序权利指行政相对人在
行政程序中享有的权利。主要包括公平对待权、听证权、要求表
明身份权、要求告知权利权、申请回避权、要求行政行为符合法
定方法、形式的权利、要求在法定时限内完成行政行为的权利、
申请复议权、提起行政诉讼的权利、请求国家赔偿权等。"①2001
年,学者王锡锌专文讨论行政程序权利。该学者认为,"程序性
权利产生于三种语境之中:第一,人们在实体法上享有的实体性
权利派生出相应的程序性权利,这些程序权利是实现和保障实
体权利落实的手段;第二,程序主持者因为行使特定权力而负有
的程序义务,使程序中的相对方当事人享有相应的程序权利,这
些程序权利是制约程序主持者权力的手段;第三,程序所具有的
'内在价值',即,使一个法律程序满足公平、承认与尊重个人尊
严等标准的价值,使程序参与者具有了要求程序公平地、富有尊
严地对待他们的权利。"②此后撰文论述行政程序权利的学者还

---

① 郭曰君:《论程序权利》,载《郑州大学学报》(社会科学版)第33卷第6期,
2000年11月。

② 王锡锌:《行政过程中相对人程序性权利研究》,载《中国法学》2001年第4期。

有刘鹤、关保英等。①

从学者们有关相对人的程序权利的论述中不难知悉：

首先，行政程序中，作为程序法律关系的一方即相对人一方享有程序性权利已是共识。行政相对人的这种程序性权利或是因为保障实体权利的实现而由法律设定，或是因为程序本身所具有的独立价值而衍生，其共性在于：程序性权利是行政程序价值的法律表现形式，即程序性权利的实现程度即为行政程序价值的实现程序，也即行政执法过程中行政程序制度功能的发挥程度。

其次，行政相对人的程序性权利属于对人权。对人权的特点是"权利主体有特定的义务人与之相对，权利主体可以要求义务人作出一定行为或抑制一定行为。"②相对人的程序权利指向行政程序过程中行政主体的程序性义务，即相对人的程序性权利的实现依赖于行政主体程序性义务的履行。正是程序性权利的这一特性使得行政程序具有了以程序性权利监督、制约行政主体行政权力依法行使的制度功能，使得相对人于行政程序运行过程中获得了受法律认可与保护的法律地位。

最后，虽然学者们对程序性权利的理论来源有着不同的认识，但对相对人的程序性权利经由法律规定而获得独立性这点

---

① 参见刘鹤：《论行政相对人的程序权利》，载《辽宁行政学院学报》2008 年第 5 期（第 10 卷第 5 期）；关保英：《论行政相对人的程序权利》，载《社会科学》2009 年第 7 期。

② 张文显主编：《法理学》（第四版），高等教育出版社、北京大学出版社 2011 年版，第 97 页。

上并无根本性的不同,差异仅在于独立性是否应获得法律的独立保护,即程序权利能否获得与实体性权利同等的保护地位,不在于主张程序性权利本身。换言之,在具体的行政程序过程中,相对人的程序权利指向的是行政主体的程序义务,而非实体上的结果;或者说,相对人的程序权利并不因其实体权利的变化而改变。

至此,本节的分析与论证已充分表明,行政程序的价值亦即行政程序制度功能的最终实现有赖于行政主体程序义务的履行与行政相对人的程序权利的实现。因而,行政程序违法的命题实质是行政主体对其程序义务的违反与对行政相对人的程序权利的侵害。由此,程序违法性程度也就相应地转化为法律上的行政主体程序性义务的违反程度与行政相对人的程序性权利的实现程度。

这一分析结论从法律理论上提示我们,行政程序违法司法审查过程中,为不同判决形式确立何种适用标准,其基础不在于某种程序制度重要或是某种程序制度不重要,更不是对相对人的实体权利是否产生实质影响。而是在于:法律层面上,行政主体的程序义务的违反程度与相对人的程序性权利的实现程度;实践层面上,法律规定的某一具体程序制度的功能是否真正发挥。至于这一程序制度本身的重要性,则不是司法权所要评价的议题,而是立法权于立法过程中所要衡量的问题。

第四章
不同判决类型适用标准的确定

行政程序违法的判决类型体系是依据程序违法性程度而构建,而程序违法性程度所体现的是行政程序进行中行政主体程序义务的违反程度与行政相对人的程序权利的受侵害程度。因此,为不同判决类型界定的判决适用标准理应蕴含在行政主体程序义务的违反程度与相对人的程序权利实现程度之中。

第一节　程序权利、程序越权与正当程序原则

一、程序权利标准

（一）新法第74条第一款第（二）项的规范内涵

1.对权威性解读的比较分析

新法第74条第一款第（二）项规定,"行政行为程序轻微违

法,但对原告权利不产生实际影响的",人民法院判决确认违法。如何解读此条规定的法律含义,笔者援引两种权威性的解读加以对比分析讨论。第一种是来自最高人民法院行政庭权威人士的观点,"如果行政程序轻微违法,对原告权利不产生实际影响,则可判决确认违法。这是因为,如果判决撤销、被告重新作出行政行为,结果仍与原行政行为一致,对各方面来说都不经济,对原告的实体权益也无益处"[1]。第二种解读观点来自全国人大常委会法制工作委员会行政法室的权威专家,"如果程序轻微违法,但对原告权利不产生实际影响的,如行政决定书晚送了一天,判决撤销的话,只会是重做一遍行政行为,结果不会改变,对当事人的程序性权利也没有大的损害,但仍需要对该行政行为予以否定性判决,判决其确认违法。"[2]

　　仔细比对两种观点的文字,除文字表述上的不同,其共同点有两个:第一,两种论点都关注程序的经济性;第二,两者都未对"行政程序轻微违法"中"轻微"的标准作出明确的界定。不同点可推定对"原告权利不产生实际影响的"中"权利"范围的界定有所不同。第一种观点虽未明确指出"原告权利"是指实体性权利,但综合其表达的文意判断,特别是其对经济性的看重,"原告权利"意指实体性权利的可能性极大;第二种观点中"原告权利"包括程序性权利,其表达是清晰的。但是,在对程序性

---

[1]　江必新、邵长茂:《新行政诉讼法修改条文理解与适用》,中国法制出版社2015年版,第276页。

[2]　袁杰、章卫东主编:《中华人民共和国行政诉讼法解读》,中国法制出版社2014年版,第205页。

权利是否产生"实际影响"上,其立场是消极的,同时也带来了对何谓"实际影响"含义不确定性的解读。

2. 规范内涵"隐藏"多重解释

笔者仅仅引用两位权威性的解读进行对比,该条规定的规范性内涵就有着本质的不同,因此,不排除对该条的规范性内涵有着更多类型的解读,关键取决于解读者对该条中3个不确定概念,即"轻微""权利""实际影响"含义的界定。

笔者认为,该条规定的法律含义至少有以下几种可能性解释与其相应后果:

第一种,"原告权利"意指实体性权利。如果遵循这种解读,则新法第74条第一款第(二)项的规范内涵将与旧法实施过程中人民法院惯用的"程序瑕疵"的概念内涵完全一致。如此,行政程序违法司法审查将会重新陷入双重困境:(1)程序价值将继续依附实体结果,程序制度无法获得自身的独立性法律地位;(2)程序违法性是否"轻微"或"严重"的判断权归属人民法院,程序违法司法审查中判决适用标准的不确定性也必然会继续。考察旧法实施过程中人民法院的表现,寄希望于通过确认违法判决的适用,达成行政程序违法司法审查能从根本上扭转程序价值工具论的意识既是不可能的也是不现实的,当然对程序法治的推动效果也必将是有限。"李亚林与北京市公安局昌平分局等处罚上诉案"中,① 一审和二审法院均认为,昌平公

---

① (2015)一中行终字第 2062 号。

安分局未能在法定期限内办结本案以及未将鉴定结论和诊断证明及时地告知李亚林,属于程序轻微违法,但对李亚林的权利不产生实际影响,因此不予撤销,二审判决维持一审,判决确认被诉的处罚决定违法;"海门市顿力金属制品有限公司与海门市人力资源和社会保障局等劳动、社会保障行政确认上诉案"中,①一审和二审法院均认为,被告在是否受理工伤认定申请尚未作出决定之前就先行进入工伤认定调查核实程序阶段,颠倒了工伤认定程序,但并未影响实体决定的正确性,可以认定为未对原告顿力公司的权利产生实际影响的行政程序轻微违法行为,因此,确认该《工伤认定决定书》违法。此引新法实施后的两则案例即为最有力的证明。

第二种,"原告权利"中的权利范围包括程序性权利。如此,新法规定对程序违法司法审查的严格程度虽然相较旧法第54条字面含义的规定有所降低,但是,这一理解却会极大地改善司法实践中程序违法司法审查的现实"弱势"状态,真实有效地强化司法权对行政权的监督力度。因为,新法第74条第一款第(二)项的规定既是从正面确立确认违法判决适用的标准,同时也是从反面确立撤销判决的标准之一,原告权利的范围若包括程序性权利,这就意味着行政相对人的一系列程序性权利因此不仅得到诉讼法的承认而且还将得到司法权的有力保障,程序价值的独立性也将因此获得真正意义的独立。

---

① (2015)通中行终字第00296号。

第三种，"原告权利"的范围虽扩大到原告于行政程序中的程序性权利，但需附加考虑"实际影响"。由于"不产生实际影响"[①]是个主观裁量性的概念，是事实上的"不利"影响，还是法律效果上的影响，并不确定。这就极有可能使大量违反期限规定的违法行政行为因其对程序当事人的程序性权利"不产生实际影响"而"逃离"被撤销的命运，从而弱化对程序当事人程序性权利保护的力度。例如，复议决定书的迟到、处罚决定书的迟到等，这些违反期限规定，会推迟行政相对人救济性权利的尽早行使，但并不对行政相对人救济性权利产生实质上的影响，即当事人仍然可以并且实际上可以行使其救济性权利。

（二）程序权利标准确立的可行性

1. 制定法"解释"上的支持

正是因为新法第 74 条规定内涵充满着不确定性，尤其是"原告权利"中权利范围的不确定性，为学理上的"扩大"解释提供了难得的机遇，更为我国行政程序违法司法审查标准的确立于诉讼法上获得极具可能性的支持。

当将"原告权利"理解为包括行政相对人的程序权利后，新法第 74 条第一款第(二)项的规定就有这样的一种理解："行政程序轻微违法，但对原告程序权利不产生实际影响的，判决确认违法。"这一表达是从正面界定确认违法判决的适用标准。程

---

① 于立深、刘东霞：《行政诉讼受案范围的权利义务的实际影响条款研究》，载《当代法学》2013 年第 6 期。

序权利是对行政程序是否归属轻微的"红线"划定,也即唯有程序违法性程度不足以损害行政相对人的程序性权利时,方可判决确认违法。如果我们反向理解,并结合新法第 70 条第(三)项的规定看,实际上,这同时也为行政程序违法撤销判决界定了适用标准。即当行政程序违法,对原告程序权利产生实际影响时,判决撤销。如果这一解释成立,这将彻底改变至少是自 1993 年开始以来我国行政程序违法司法审查中判决适用标准确立的难题,即正式摆脱实体权利的干扰,使得行政程序违法司法审查有了"法定"的、来自于程序自身的独立的审查标准。

2. 学理上的支持

本章第二节的论证结论即为:行政程序违法司法审查的判决适用标准必定蕴含于行政主体的程序义务与行政相对人的程序权利之中。此处仅需进一步指出:程序违法性程度在价值上指向的是行政行为程序违法对程序价值的损害程度,实践上指向的是行政程序制度功能的损害程度,法权意义上指向的是行政主体程序性义务的违反程度与行政相对人的程序性权利的实现程度。因此,行政诉讼中,原告的程序性权利必然成为判断行政程序违法是否构成确认无效、撤销或确认违法的"底线"适用标准之一。程序权利标准使得判决标准与判决类型获得了本源上的一致性。

3. 司法实践的"逆向支持"

我国制定法上自 1996 年《行政处罚法》开始,便赋予行政相对人一系列的程序权利。该法的第 31 条、第 32 条、第 42 条就规定了行政相对人依法享有被告知的权利、陈述申辩的权利、申请回避的权利、要求听证的权利。随着众多规范行政程序的法律相继出台,行政相对人依法规定享有诸多程序性权利。"一是获取相关信息权,包括了解权、被告知权、卷宗阅览权、咨询权、询问权、索取有关资料权、听证权、要求说明理由根据权等;二是表达意见权,包括提出异议权、陈述申辩权、沉默权、反驳权、提供证据权等;三是参与权,包括依法参与决策权和参与行政行为作出过程权;四是权利救济权,如包括用于自力救济的对重大且明显违法的行政行为的抵制权和反抗权,还包括他力救济的申请复议权、申诉权以及一些相关权利。"①但在行政程序违法司法审查中,程序性权利并未成为旧法第 54 条规定的"法定程序"的"底线"标准之一。

有学者就曾通过对最高人民法院公布的典型案件(1985—2008)中以"违反法定程序"为由而被撤销的 11 个典型案例进行分析,结果发现"法院在司法实践中,似乎并没有以学者们提供的法定程序分类为切入口,寻找不同类型的违反法定程序与法律效力之间的某种对接关系。有时,它采用了违反法定程序并不当然损害行政相对人合法权益之规则,在充分考虑相关情形之后分别作出相应的判决。"②但是,这并不表明司法实践中就不保护相对人的程序权利,只是视具体情况而定。例如,"平

---

① 李牧:《行政主体义务的设定模式探究》,载《理论与实践》2010 年第 9 期。
② 章剑生:《对违反法定程序的司法审查——以最高人民法院公布的典型案件(1985—2008)为例》,载《法学研究》2009 年第 2 期。

山县劳动就业管理局诉平山县地方税务局案"①中,法院判决认为,平山县地方税务局在作出处罚决定之前没有依法律规定举行听证,属于违反法定程序,据此撤销被告的处罚决定;且该案中,法院是以程序违法便可撤销而未对该案中的实体性争议进行审理。

至于对行政相对人的程序权利造成实际影响而得不到司法救济的案例则是更多。如,"林美尖诉广东兴宁市公安局不服行政处罚案"②中,《行政拘留家属通知书》未送达当事人家属,原审法院认为:"被告在执行行政拘留程序方面存在瑕疵,但该程序瑕疵并不影响被告作出上述行政处罚的事实认定。"二审法院认为:"虽然被上诉人未将《行政拘留家属通知书》送达给上诉人家属程秀芬,存在程序瑕疵,但并没有影响到上诉人的权利行使。"此案中行政程序违法事实上是对家属的知情权造成了实际影响。

程序权利非为行政程序违法司法审查中判决适用标准最直观的例证,莫过于对同一案件作出不同判决。如"新疆维吾尔自治区地方税务局稽查局与新疆瑞成房地产开发有限公司税务行政处罚案"③中,一审法院认为:"税务局在向瑞成房地产开发公司发出税务检查通知时,未告知瑞成房地产开发公司享有申请回避的权利,违反法定程序。"二审法院认为:"上诉人虽未履

---

① 参见《最高人民法院公报》1997 年第 2 期。
② (2014)梅中法行终字第 64 号。
③ (2014)乌中行终字第 95 号。

行该告知义务,但亦未发现上诉人税务局的行政执法人员存在应当回避的情形,故上诉人税务局在该案执法过程中存在程序瑕疵。原审法院认定上诉人税务局未履行告知瑞成房地产开发有限公司享有申请回避的权利违反法定程序欠妥,本院予以纠正。"又如,"周仰东诉厦门市公安局交通警察支队思明大队道路交通行政强制措施案"①中,该案争议的焦点为:对违法停放的机动车实施强制拖移时,执法机关应在合理时间内告知车辆所有权人,是否即为执法程序不当。一审法院认为:"因周仰东未悬挂号牌,且挡风玻璃内的车辆识别卡码被卡片遮住,致使思明交警大队无法通过检索车辆信息的方式获得车辆所有人的联系方式,从而无法及时告知车辆所有人,思明交警大队在主观上不存在过错。"判决驳回原告诉讼请求。二审法院认为:"参照公安部《道路交通安全违法行为处理程序规定》第 32 条的规定,本案执勤民警在拖移违法停放的机动车后,只是将处置情况反映至厦门市公安局 110 指挥中心,未按规定设置拖移机动车专用标志牌明示,也未在合理的时间内采取积极的方式查找并通知车辆所有人。虽然本案中上诉人未悬挂车辆号牌的行为亦违反交通法律规定,但不能成为被上诉人不积极作为的理由。被上诉人未依法履行告知义务,违反了规章的规定和要求,其执法程序存有不当。"判决撤销一审判决,确认原行政强制措施程序违法。

---

① 参见国家法官学院案例开发研究中心编:《中国法院 2014 年度案例》,中国法制出版社 2014 年版,第 217—219 页。

　　新法实施后的司法案例表明,程序权利仍未成为程序违法司法审查判决的适用标准,例如,"王喜瑞与九台市公安局等处罚上诉案"中,①一审和二审法院均认为,九台市公安局在作出行政处罚决定后,未按法定程序履行向家属告知义务,此程序违反相关法律规定,但不影响九台市公安局对王喜瑞作出的行政处罚决定的效力,因此判决确认该行政处罚决定违法。

　　上引所述的系列案例表明,无论是在新法实施前还是在新法实施后,司法实践中行政相对人的程序权利都未成为行政程序违法司法审查的一个确定标准。本书的分析研究已经表明,行政程序价值的实现于法权模式上的表现即为程序义务的履行与程序权利的实现,如果行政程序运行过程中,程序当事人的程序性权利得不到有效的保障,则与之相应的行政程序价值及其实践中的制度功能必然得不到实现。"行政程序中,行政机关和相对人各自都有程序权利,也都各自负有程序义务。由于行政机关在程序上的主导性和优势地位,相对人的程序性权利更容易受到侵犯,从而使其实体权利失去了程序保障,因此行政机关是否侵犯了相对人的程序权利,程序应当为司法审查的一个重要问题。"②因此,行政程序违法司法审查中,确立程序权利标准就不仅仅是学理上的讨论,更应是司法实践发展的必然要求。

---

① (2015)长行终字第 61 号。
② 王振宇:《行政诉讼制度研究》,中国人民大学出版社 2012 年版,第 272 页。

二、程序越权标准

本书在论述行政主体的程序义务时已经指出,行政程序中,行政主体的程序性义务并不是与相对人的程序性权利一一对应,因为行政程序中的法律关系中除了外部的行政主体与行政相对人之间的权利义务关系,还存有内部程序各参与主体之间的程序上的权力义务关系。这就意味着行政主体对程序性义务的违反,并不仅仅指向相对人的程序性权利。因此,行政程序违法司法审查中确立程序权利审查标准,仅是解决了行政主体违反与行政相对人的程序权利对应的那部分程序义务适用何种判决形式的适用标准问题,或者说程序权利标准的确立基本解决了外部程序司法审查标准的确立问题,但并不为行政主体违反其他的程序义务适用何种判决方式提供行政裁判上的适用标准。如此,行政程序违法司法审查中,为行政主体违反其他程序义务设定怎样的判决适用标准依旧得不到回答。

(一)程序越权标准确立的法理依据

1.其他程序义务指向的法律关系——内部程序关系

形式上看,其他义务是指行政主体程序义务中除去与行政相对人程序权利相对应的那部分。问题在于这部分行政主体的程序义务指向的对象是什么,即立法者是基于什么为程序主体设定这类义务?解答这一疑问,我们就必须退回到行政程序法所调整的法律关系中。行政程序法不仅调整行政主体与相对人之间的基于行政权力的行使而产生的行政程序上的关系,还调整着未有相对人参与的主体之间的因行政权力的行使而产生的关系。

"行政程序以其规范行政行为所涉及的对象和范围为标准,可以划分为内部程序和外部程序。""内部程序是指行政机关对内部事务实施行政行为时所应当遵循的程序。"①内部事务实施行政行为的鲜明特征是什么并不明确。有学者对何谓内部程序进一步指出,"我们可以把包含当事人参与的程序称为'外部行政程序',而把没有当事人参与的程序称为'内部程序'"。② 该定义指出了内部程序与外部程序鲜明的外在特征,即是否有当事人的参与。但是该定义没有明确内部程序与外部程序于法律意义上的区别。真正从法律角度区分内部程序与外部程序的是学者张淑芳,"在法治行政的运作中政府行政系统与公众只是一种法律形式。具体而论,行政系统与公众之间的关系过程存在于两种法律关系形式之中,第一种关系形式是我们所讲的外部关系,就是行政主体和行政相对人之间发生的行政法关系,这一关系形式在行政法学界和行政法治实践是得到重视的,但这只是行政法运作中的关系之一,我们把处理这一部分关系的行政程序规则叫作外部行政程序,即通常意义上行政

---

① 姜明安主编:《行政法与行政诉讼法》(第5版),北京大学出版社、高等教育出版社2011年版,第335—336页。

② 何海波:《内部程序的法律规制》,载《交大法学》2012年第1期。

程序法所讲的行政程序。第二种关系则是内部关系,行政主体存在于行政系统之中,任何行政主体的行政行为都是一个机制化的东西,它要么是代表行政系统作出的,要么是一种复杂的行政行为系列的一个环节。这便决定了行政法运作中结果虽是相对人作为承受对象,但行为过程一部分存在于内部关系之中,如一个行政行为必须通过批准而作出,批准的过程就存在于行政系统的内部关系之中。调整内部关系的规则我们就叫作内部行政程序。"①行政程序法调整的法律关系的分类为我们认清行政主体于行政程序法上所负的其他程序义务找到了突破口。

内部程序的鲜明特征是没有行政相对人(程序当事人)的参与,行政程序法又对行政权行使的内部作出了规范与调整,形成了内部程序关系,那么需要在法律上明确的是,内部程序关系是哪些主体之间的关系?从学者们给出的内部程序关系的定义中,回答内部程序关系中的主体是谁似乎并不困难,即内部程序关系的主体是基于行政权力行使而引发的行政系统内部各主体之间的关系,但若追问究竟是指哪些主体之间的关系时,准确给出答案也不是件容易的事。学者王万华对内部程序关系的分类或许更具有指导性的启示意义,该学者认为:"内部行政程序的规定主要涉及行政机关相互间的关系,既包括上下级之间的关系……也有平行行政机关之间的规定。"②也就是说,行政内部

---

① 张淑芳:《论行政执法中内部程序的地位》,载《吉林大学学报》(社会科学版)2008年第1期。

② 王万华:《行政程序法研究》,中国法制出版社2000年版,第23—24页。

关系包括两种类型:一为行政系统内部上下级之间的关系;另一为平行行政机关之间的关系。这种分类大体上是正确的,只是考虑到我国行政程序法中还有一种特殊类型且被制定法广泛规定的,笔者认为还应增补一种类型,即特定行政机关的内部关系。例如,《行政处罚法》第 38 条规定:"对案情复杂或者重大违法行为给予较重的行政处罚,行政机关的负责人应当集体讨论决定";又如,《行政强制法》第 18 条规定:"实施前须向行政机关负责人报告并经批准。"

2. 内部程序关系的内容

明确了内部程序关系的种类为我们清晰认识内部程序中行政主体的程序义务的指向确定了方向与范围。接着笔者要讨论的是内部程序关系的实质,以为内部程序的违法性寻觅其界点。法理学的通常理论认为,法律关系的内容是权利与义务关系,"某一社会关系之所以是法律关系,就在于它是依法形成或是法律机关确认的以权利和义务关系的相互联系和相互制约为内容的社会关系","正是通过权利和义务的宣告与落实,国家把社会主导的价值取向和价值选择变为国家和法的价值取向和选择,借助国家权威和法律程序加以实现。"[①]内部程序关系的内容是什么就成了关键。内部程序中涉及的关系主体是行政系统内部上下级机关或是平行行政机关又或是具体行政机关内部,他们之间的关系内容并非我们通常意义上所说的权利义务关

---

① 张文显主编:《法理学》(第四版),高等教育出版社、北京大学出版社 2011 年版,第 92—93 页。

系,他们是权力与权力之间的关系,是同质权力之间的关系,"同质权力的关系是指同质权力不同主体之间的关系。"①权力成为连接内部程序关系各方之间的纽带。因而,内部程序关系的内容也就演变成了权力与义务之间的关系,权力方的权力指向另一方的义务,反之同样成立。就程序上而言,一方的程序上的权力的实现依赖于另一方程序义务的履行。换言之,一方对程序义务的违反即为对另一方权力于程序上的侵害。

内部程序关系的内容清楚明白地表明:内部行政程序中,不同权力主体之间是以程序上的权力为连接点,一方程序上的权力的实现取决于另一方程序上义务的履行。

3. 内部程序关系内容实现的意义

"程序的公正性的实质是排除恣意因素,保证决定的客观正确。"②这一程序的主旨在外部程序中得到广泛而深入的分析与阐释。但是立法者规定内部程序的目的是什么? 对于内部程序的价值,有学者曾有这样的表述:"这些程序关系到维护行政的基本法治和秩序,违反这些程序,就会严重破坏法律制度所要极力维护的秩序。立法设计和强调这些程序的重要性和必须遵守性,是出于这样的考虑:即使与当事人和行政行为没什么直接的关系,也不得不遵守这些被立法者认为是重要的和起码的程序,否则,法律所要建立和维护的行政秩序就得不到保障。"③这

---

① 周永坤:《法理学》(第三版),法律出版社2010年版,第225页。
② 季卫东:《法律程序的意义》(增订版),中国法制出版社2012年版,第22页。
③ 应松年、杨小君:《法定行政程序实证研究》,国家行政学院出版社2005年版,第90页。

一论述虽是着眼于法治秩序价值论述了内部程序的必须遵守性,但它更为重要的意义在于表明,内部程序的遵守对法治秩序的维护同样不可或缺,根源就在于内部程序同样具有行政程序的一般功能,即对行政权恣意行使的限制,"内部行政程序虽不像外部程序直接涉及当事人的程序权利,但它深刻影响乃至直接决定当事人的权益。"①不承认这一点,我们就无法理解为什么立法者要规定内部程序。只是内部程序是以行政系统内部的权力对权力的制约路径不被社会所普遍信任而已。但这恰恰说明了内部程序被遵守的重要性。

4. 内部程序制度功能实现的表征——程序上权力的实现

内部程序要想真实有效地实现立法者所赋予的目的,也必须通过排除行政权行使的"恣意",在这点上是确定无疑的。那么是什么表征着立法者所规定的内部程序的目的得以实现就成了关键。内部程序关系的内容表明,内部程序的运行机理在于,一方履行自己程序上的义务,另一方实现自己程序上的权力。这也与程序制度功能发挥的一般机制完全相同。因此,我们可以稳妥地说:是内部程序中程序上的权力是否实现表征着内部程序价值是否实现。所以,在内部程序中,行政主体程序义务违法性程度的关键性节点是——程序上的权力是否得以实现。

因此,笔者提出,以"程序越权"作为内部程序违法判决适用标准的又一"底线"标准之一。

---

① 何海波:《行政诉讼法》,法律出版社 2011 年版,第 353 页。

（二）程序越权的含义及其实践表现

行政法文献中提及程序越权通常是指英国司法审查中越权无效原则的子原则。"程序上的越权是指行政机关违反成文法规定的必须遵守的程序而言。违反自然公正原则也是程序上的越权，它是违反普通法上的程序，是在成文法中没有程序方面的规定或规定不够完备时，作为成文法的补充规则。"①这一原则于司法审查中往往要先区分审查对象是任意性规则还是强制性规则，法院还要根据公共利益和个人利益受影响的程度，结合具体案件，从而确定对不同程序规则的违反产生不同的法律后果。但是，"在2005年，枢密院宣布，强制性和指导性之间的区分没有什么用处：应该把注意力放在考虑不遵守程序的行为导致的后果，以及立法机关规定这些程序的意图。"②

本书中程序越权的含义是指，行政行为作出过程中，行政主体违反法律有关内部程序中权限分工的程序性规定。这一含义表明：第一，适用范围上，程序越权仅指内部程序上的越权，这就使得本书中的"程序越权"作为程序司法审查判决适用标准的适用范围要小于英国行政法中的程序越权原则，英国行政法上的程序越权原则既适用于内部程序也适用于外部程序的司法审查。"在这些程序规则中，有的是内部程序规则，实施于行政机

---

① 王名扬：《英国行政法》，北京大学出版社2007年版，第124页。
② ［英］A.W.布拉德利、K.D.尤因：《宪法与行政法》（第14版下册），商务印书馆2008年版，第714页。

关内部上下级之间;有的是外部程序规则,实施于行政机关和公民之间的关系。"①第二,本书中的程序越权指向的是行政主体于法律规定的内部程序上的越权。这种越权的特点是,行政主体对外形式上具备作出某一行政行为的法定资格,但是这种资格要转化实际权能,则要受到法律规定的内部程序上的某种限制。例如需要经过上级机关的审批、审核、批准、经上级决定、本级领导人集体讨论决定等。在我国制定法中,仅就机关负责人批准程序,就有《行政许可法》第42条,《行政处罚法》第37条,《行政强制法》第18条、第19条、第25条,《交通行政处罚程序规定》第16条,《治安管理处罚法》第82条,《公安机关办理行政案件程序规定》第72条,《工商行政管理机关行政处罚程序规定》第35条等多部法律法规对之作出规定。因此,它与新法第70条规定的"超越职权"有着本质的不同。"超越职权,就是用权超过法定职权的范围,使得超出部分没有法律依据。"一般包括根本没有行政主体资格的、超越地域管辖权的、超越事物管辖权的、超越级别管辖权的、超越法律规定的职权的等。

（三）新法规定解释上的可行性

新法第74条第一款规定,"行政行为程序轻微违法,但对原告权利不产生实际影响的",人民法院判决确认违法。本书在

---

① 王名扬:《英国行政法》,北京大学出版社2007年版,第124页。

论证程序权利标准时已经指出,该条规范的法律内涵具有不确定性。哈特认为,立法者不能于事先为所有的人类生活情形制定规则是因为存在两个问题:第一,立法机关不可能事先确定所有情形。这是因为"人类立法者不可能预知未来可能发生之所有可能情况的组合"①。第二,立法目标的不确定性。人类预测未来的能力的缺乏又引起关于目标的相对模糊性。法律规则通常包括两种或两种以上的价值或目标,并且价值或目标之间的平衡是不清楚的,以致立法意图无法回答所有规则适用中的可能问题。② 以哈特的观点视之,本条款显然表明,立法者对行政诉讼中行政程序价值目标定位的不确定。原本上,不确定性与立法应遵循明确性原则相背离,本该产生负面的后果,但是就新法第 74 条规定内涵的不确定而言,却有着相对的积极意义。对该条"原告权利"的不同理解,可以解释出该条允许程序权利的存在;同样借助对该条"行政程序轻微违法的"中"轻微"的解释,可为"程序越权"标准的适用提供足够的合理性。也就是说,新法实施过程中,只需将内部程序越权作为界定内部行政程序违法是否"轻微"的界点即可。因此,本书提出以"程序越权"作为内部程序违法司法审查判决的适用标准并不脱离该条规范内涵的可能性空间。

----

① [英]哈特:《法律的概念》,张文显等译,中国大百科全书出版社 1996 年版,第128 页。

② Michael D.Bayles,Hart's Legal Philosophy:An Examination,Dordrecht:Kluwer Academic Publishers,1992,p.87.

（四）对内部程序违法司法中实践立场的批判

我国司法实践中,最迟于 1993 年开始逐步修正严格的形式法治主义。修正的最为直接的消极后果是,人民法院对内部行政程序违法的审查力度微弱到基本上可以忽略不计,以致行政执法实践中,内部行政程序违法成为家常便饭。这点我们可以从大量雷同的裁判理由中得到印证。如 2010 年"益广中诉漯河市人民政府再审案"①中,再审人民法院认为,复议被申请人舞阳县国土资源局审核人签字属于行政机关的内部程序,由于行政机关的工作疏忽,审核人没有签字,属行政程序上的瑕疵,不影响行政行为的效力。根据法的安定性原则,不能因行政机关工作人员的疏忽,而撤销行政许可行为。因此,法院认定被告市政府的行政复议程序合法。又如,2012 年"职玉来、职勇诉商丘市公安局梁园分局案"②中,二审商丘市中级人民法院认为,被上诉人商丘市公安局梁园分局对上诉人职玉来、职勇作出行政拘留 15 日并处 500 元人民币罚款的处罚,属于对重大违法行为给予较重的行政处罚,因而被上诉人作出处罚决定前,依法应经负责人集体讨论,但"该负责人集体讨论程序属被上诉人内部程序,对该程序的违反对当事人权益不产生直接影响,不足以产生撤销被诉具体行政行为之后果",因此驳回上诉,维持一审判决。再如,2014 年"巨野祥荷运输有限公司与曲阜市交通运输

---

① （2010）漯行再终字第 3 号。
② （2012）商行终字第 89 号。

局行政处罚案"①中,就告知复议机关错误,一审法院认为:"被告告知复议机关有误,但不能导致整个行政处罚违法,且原告提起了行政诉讼,对原告的权利也没有造成实际影响,故对原告的主张不予支持。""被告未按法律规定提交《立案审批表》及《重大案件集体讨论记录》等档案的证据,行政程序存在瑕疵,但这不足以导致整个行政处罚程序违法,本院对被告的行政处罚程序确认合法有效。"二审法院对一审认定予以维持。

从上述援引案例中高度类似的裁判理由看,人民法院对内部行政程序违法的基本态度是:行政行为违反内部程序规定,仅是瑕疵,不对原告的实体权益造成影响,故不属于违反法定程序的范畴。可见,司法实践中,实体结果正确至上的观念是何等根深蒂固。

当然,偶尔也有对因内部程序违法行政行为判决确认违法的案例,在笔者所查阅过的案例中仅有两例,其中之一是:"合肥旅行社诉淮南市交通局案"②,该案中,被告工作人员在对原告皖 A28158 号客车进行证据登记保存时,未依法律规定程序经单位负责人批准,由现场检查人员直接决定将该车作为证据保存,法院认为,涉及车辆这一价值数额较大的公私财产,对当事人的财产权益产生严重影响,但被告工作人员的行为违反《行政处罚法》第 37 条、《交通行政处罚程序规定》第 16 条第

① (2014)济行终字第 357 号。
② (2001)田行初字第 10 号。

（六）项的规定,判决认定被告对该证据登记保存属于行政行为违法。该案判决相较于普遍存在的对行政行为违反内部程序规定绝对"放任"的态度,无疑是进步的。但是,最为明显的不足是同样将内部程序的违法性后果绑定实体利益,这点与将行政行为违反内部程序归属程序瑕疵的司法立场并无本质性的区别。换言之,内部行政程序在司法审查中并未获得自己独立的评价地位。另一宝贵案例为"乌兰察布盟师范学校不服集宁市人民法院行政判决上诉案",该案中,"学校以学生存在迟到、旷课、夜不归宿等诸多违纪为由,作出勒令退学的决定,法院审查中发现学校对学生作出勒令退学的处分没有经校务委员会讨论,而且也未经当地教委审批,违反了《内蒙古自治区中等师范学校学生学籍管理暂行规定》关于'给予勒令退学、开除学籍处分的,经校务委员会讨论决定,报盟(市)教育处(局)审批,报自治区教育厅备案'之规定,就没有再继续审查处分决定实体上是否正确,而是径直判决撤销。"①

综合司法实践中对待内部程序违法行政行为的司法观点,内部程序于我国司法审查中获得自己应有的独立地位的征程基本上还未开始。这点无论是对形式法治还是对程序法治,其消极性都是毋庸置疑的。"一个社会的法律,无论是在整体上,还是在具体规则上,其目的无疑都是为了达到或促成正义。在统

---

① 参见乌兰察布盟师范学校不服济宁市人民法院行政判决上诉案,(2000)乌法行终字第 7 号。转引自王振宇:《行政诉讼制度研究》,中国人民大学出版社 2012 年版,第 266—267 页。

治者看来,某项法律被制定、生效,是因为它能给社会带来正义。但是,随着时间的推移,变化了的环境和意料之外的突发事件可能会使法律的某一具体规定无助于促进正义,或者是某些人认为该项规定不能再促成正义,该项规定本身不会因此而受影响。"①

三、正当程序原则——补充性适用标准

本书第一章第一节在综述旧法实施过程中审查标准的演变论题时,已经对正当程序于我国程序违法司法审查中的困境,从制定法、司法实践与学理研究上作了相对全面的分析。我国作为制定法国家,并遵循"议行合一"的政治体制,这一基本国情决定了,我国司法实践中不可能舍弃制定法设定的标准而适用正当程序原则;同时,在法律标准明确的前提下,人民法院无权对权力机关作出的代表国家意志的"法"作出不合"法"的实质性修正,因为修"法"的权力属国家权力机关。剩下的命题只是在当前法律规定的前提下,能否在立法"遗漏"的领域以及在制定法许可的范围内,通过合乎制定法逻辑的解释路径,为正当程序原则的司法适用找到可能性的空间。"假使法学不想转变成或者以自然法,或者以历史哲学,或者以社会哲学为根据的社会理论,而维持其法学的角色,他就必须假定现行法秩序大体看来

---

① [英]戴维·沃克:《牛津法律大辞典》,北京社会与科技发展研究所译,光明日报出版社 1998 年版,第 518 页。

是合理的"①,"而不能直接肆无忌惮地追求自己理想中的那种正义"。②

（一）正当程序原则的内涵

行政法学界有关正当程序原则(或正当法律程序)是什么的文献可谓是汗牛充栋,继续追问正当程序原则的内涵已不是本书写作的目的。本书对这一原则的内涵赞同学界的共识:这是具体内涵不确定的概念,但有一个最低的标准:"特别要说明其三项核心要素:排除偏见、听取意见和说明理由。这三项要素是判断行政程序是否'正当'的根据。"③这个最低标准也较为符合当前我国司法实践中人民法院的认识。《中国行政审判指导案例》第1卷"彭淑华诉浙江省宁波市北仑区人民政府工伤行政复议案"中,人民法院认为"正当程序原则的基本含义是:行政机关实施行政行为,可能影响公民、法人或其他组织合法权益的,应当在作出行政行为之前向当事人和利害关系人告知事实,并说明理由,听取公民、法人或其他组织的意见。行政机关应当告知公民、法人或其他组织享有陈述意见的权利,并为公民、法人或其他组织提供陈述事实、表达意见的机会"。在对该案的评析中明确指出,正当程序原则包括三项基本内容:其一,

---

① [德]卡尔·拉伦茨:《法学方法论》,陈爱娥译,商务印书馆2003年版,第77页。

② 张清波:《理性实践法律——当代德国法之适用理论》,法律出版社2012年版,第1页。

③ 刘东亮:《什么是正当法律程序》,载《中国法学》2010年第4期。

自己不做自己的法官；其二，说明理由；其三，听取陈述和
申辩。①

（二）适用范围的"争论"

对于正当程序原则的适用范围，学界有两种不同的观点：一
种观点认为，"作为司法审查的对象，行政程序是行政行为在时
空维度中所展现出的样态，无论行政行为以何种方式表现，这种
规则、要素连同行政行为本身都可以成为司法审查的对象，故行
政程序是司法审查的内容之一。就司法审查标准而言，除了程
序的合法性之外，程序的正当性是研讨的重点，其作用在于以此
为标准评价和考察某一行政程序是否合乎理性、是否能被司法
认可等，故正当性是司法审查的判断标准之一。""'程序正当性
审查'并不意味着'程序正当性'本身就是司法审查对象，而是
以此为标准对行政程序作出审查，或解释为对行政程序进行正
当性审查。"②该观点的核心是主张将正当程序原则扩张到所有
的行政程序合法性审查。另一种观点认为，"法律上并不允许
法院在司法审查中可以置法定程序的标准于不顾而'另起炉
灶'，可以在法定的程序之内再补充正当程序的审查标准。这
是法定程序与正当程序的标准互相补充和'照应'。"③这种观

---

① 中华人民共和国最高人民法院行政审判庭编：《中国行政审判指导案例》（第 1
卷），中国法制出版社 2010 年版，第 101 页。

② 江必新：《行政程序正当性的司法审查》，载《中国社会科学》2012 年第 7 期。

③ 应松年、杨小君：《法定行政程序实证研究》，国家行政学院出版社 2005 年版，
第 64 页。

点为补充性适用正当程序原则,即当行政机关作出某一不利于行政相对人权益的行为,且法定程序标准缺位时,补充适用正当程序原则标准。从司法实践中适用正当程序原则标准裁判的案例看,司法实践中采用的是补充性适用正当程序原则标准的观点。这从前引"张成银诉徐州市人民政府房屋登记行政复议决定案""彭淑华诉浙江省宁波市北仑区人民政府工伤行政复议案"判决理由中都能得到清晰的印证。

正当程序原则适用范围问题,从表面上看仅是何种情形下适用的问题,实际上关系重大。首先,正当程序原则的适用范围关涉"立法权"与司法权的关系。如果正当程序原则适用于所有的行政程序合法性审查,那则意味着,就行政程序法而言,司法权拥有最终"立法权",这点显然与我国当前的政治权力体制安排相背离,这也是持补充观点学者反对的重要依据之一。"由于法院是司法审查机关,是最终决定机关,所以实际上正当程序标准成为了法院创立法律和标准的'突破口',由立法机关与有立法权的行政机关制定的程序标准,可能成为被法院审查的对象和被弃之不用的标准。"①其次,适用范围直接关系到司法权与行政权的关系。正当程序原则是个内涵并不确定的实质性标准,当将正当程序原则适用于所有行政程序合法性审查时,也就扩大司法权对行政权监督的弹性空间,在法院判决不受先例及其他制度性安排制约的情形下,完全存在司法权"敲打"行

① 应松年、杨小君:《法定行政程序实证研究》,国家行政学院出版社 2005 年版,第 65 页。

政权的可能性,进而引发行政与司法"对立"的危机。最后,正当程序原则标准的适用同样存在着为司法权所滥用的可能。在"冯友平与新宁县森林公安局林业行政处罚纠纷上诉案"①中,一审法院认为,"原审认为,原告冯友平建房需要木材应通过正当程序办理采伐审批手续,但原告未经审批就在自家责任山场滥伐林木,其行为虽不构成刑事犯罪,但被告新宁县森林公安局对原告的滥伐行为作出行政处罚并无不当。"

(三) 正当程序原则标准适用的"解释学"路径

如果说正当程序原则标准的适用范围是个有争议性的问题,那么在我国现行体制下如何为正当程序原则标准的适用找到一个契合我国法治逻辑的路径才是根本性的问题。其实,适用范围的确定本就是这一根本性问题的衍生问题。换句话说,如果不能在我国所遵循的成文法形式法治现实情境下,找到一个最低程度的符合成文法传统的适用正当程序原则的路径,则正当程序原则标准适用本身的正当性就成了问题。学界已有的种种解决问题方案莫不与此有关,本书第一章第一节中都有提及,这里不再重复,但问题仍未解决。笔者所需努力解决的问题是:新法规定是否为正当程序原则标准的适用创造了契机;以及如果存在这样一个契机,我们又应该如何适用正当程序原则标准。

————

① (2011)邵中行终字第 76 号。

1.法律解释的一般要求

德国学者卡尔·拉伦茨在其名著《法学方法论》中对法律的解释提出了5个依次遵循的标准:第一,字义;第二,法律的意义脉络;第三,历史上的立法者之规定意向、目标及规范想法;第四,客观的目的论的标准;第五,合宪性解释的要求。①法律解释所要完成的任务是"解释的标的是'承载'意义的法律文字,解释就是要探求这项意义。假使要与字义相连接,则'解释'意指,将已包含文字之中,但被遮蔽住的意义'分解'、摊开并且予以说明。"②但是"解释始终都与该当法律秩序的整体及其基础的评价准则密切相连。"③所以"案件裁判合乎正义,这固然是法官活动中值得追求的目标,但并非是另一种解释标准。这项目标只能在现行法以及普遍承认之法律原则的范围内。"④也就是说,"法官虽然负有实现正义的义务,这究竟不能改变下述情形:依据宪法他必须依据——为整体法秩序之构成部分的——法律来裁判,而非依据其个人的'正当性确信'。"⑤

---

①　[德]卡尔·拉伦茨:《法学方法论》,陈爱娥译,商务印书馆2003年版,第200—216页。

②　[德]卡尔·拉伦茨:《法学方法论》,陈爱娥译,商务印书馆2003年版,第194页。

③　[德]卡尔·拉伦茨:《法学方法论》,陈爱娥译,商务印书馆2003年版,第195页。

④　[德]卡尔·拉伦茨:《法学方法论》,陈爱娥译,商务印书馆2003年版,第224页。

⑤　[德]卡尔·拉伦茨:《法学方法论》,陈爱娥译,商务印书馆2003年版,第225页。

2. 新法规定解释出"正当程序原则"的可能性

新法第74条第一款第(二)项规定,"行政程序轻微违法,但对原告权利不产生实际影响的",对此程序违法行政行为,人民法院判决确认违法。该条规定的"内涵"在上文论证确立"程序权利"与"程序越权"标准时,被反复提及。对于正当程序原则标准能否适用于我国行政程序违法司法审查而言,它的作用同样至关重要。

旧法第54条规定"违反法定程序"的行政行为,人民法院判决撤销,法定程序成为判断程序违法行政行为是否应予撤销的唯一标准。基于成文法的法治逻辑,当然的理解是,法定程序必须是法律规定的程序,也就是说法定程序存在的前提条件是制定法上规定程序的存在。但制定法上对相应行政行为程序规定缺位或是规定不明时,人民法院该如何依法裁判,就成为难题。尤其是当该行政行为的作出对行政相对人的权益带来不利影响时,这一适法上的冲突显得更为突出。问题的形式根源在于,我国成文法的规定上没有为所有可能侵害相对人权益的行政行为设置一个最低限度的统一适用的程序上的要求。困境也就产生——正当法律程序原则标准的适用就形式法治而言,适用之无法律依据。在无制定法制供给的情形下,行政审判中如何适用正当程序原则几乎成为所有行政法学者直面的难题。

新法规定下的出路在哪里?在遵循法律解释学的基本要求的前提下,笔者认为,新法规定是能够为正当法律程序原则的适用释放出某种可能性空间。这就需要对第74条规定中"原告权利"作出可能是"颠覆性"的解释。这一解释路径可以分为两个步骤。第一步,是将"原告权利"中的"权利"解释为:包括程序权利。这一解释的合理性,笔者已经对之作了分析与论证。第二步,这一步将是关键性的,充满着"颠覆性"的,即将正当程序原则纳入程序权利的范畴内。如果这一步骤能够得以证立,则正当程序原则于行政审判中的缺乏成文法规定的障碍将被破除。

　　问题是:程序权利能够吸纳正当程序原则吗? 这就需要对程序权利与正当程序原则的各自内涵分别进行界定,再分析两者之间可能存在的关系。

　　就程序权利而言,一般是指为制约国家机关的权力,保障公民实体权利的实现,在一定的法律程序中为公民设定的权利。我国学者郭曰君、王锡锌、刘鹤、关保英等都对之作过深入的论述。随着使用语境的不同,程序权利既可以指向程序性权利这一类别,通常情况下与实体性权利相对,也可以指向某项具体的程序性权利,例如听证权、阅览卷宗权、陈述申辩权、申请回避权、获得说明理由的权利等。也就是说,程序权利不仅可以在抽象的范畴上使用,也可以在具体的种类上使用。程序权利可以包括所有具有程序属性的权利。

　　就正当程序原则看,这个原本仅适用于刑事诉讼领域的程序性规定,其内涵神奇般地被不断演化。随着美国联邦宪法第5修正案:"非经大陪审团提出公诉,人民不受死罪或不名誉罪的宣告……,受同一犯罪处罚的,不得令其受两次生命或身体上的危险。在任何刑事案件中不得强迫任何人自证其罪,未经正当法律程序,不得剥夺任何人的生命、自由或财产:凡私有财产,非有公正补偿,不得征为公用。"第 14 修正案:"……各州不得制定或施行剥夺合众国公民特权与特免的法律,也不得未经正当法律程序,剥夺任何人的生命、自由或财产。并在其辖境内,不得否认任何人享有法律上的同等保护。"而获得了近似"帝王条款"般的宪法地位。1946 年《美国联邦行政程序法》的制定,正当程序原则正式进军行政法领域,其同样备受推崇。更为重要的是,还使得正当程序原则获得了世界级影响。法国行政法上的"防御权"理论①、德国行政法上的"程序基本权"②无不受其影响即为最好之证明。其内涵的不确定性非但丝毫不影响其声誉,相反却引得众多国家的诸多学者流连忘返于其中。共识即为基本的三要素:排除偏见、听取意见和说明理由。

正是这基本共识为其法律上的权利属性奠定了基础:排除偏见对应着申请回避的权利;听取意见对应着陈述申辩的权利;说明理由对应着被告知理由的权利。也或许正因如此,正当程序还存在另外一个称呼:"正当法律程序权利(due process rights)是指要求遵循公平与正义的正当程序标准(due processtandards of fairmess and justice)具有根本性的所有权利,即公民享有的对抗危及剥夺生命、自由和财产的政府行为的程序上和实体上的权利。"③正当程序即正当程序权。也只有在正当

① 翁岳生编:《行政法》(下册),中国法制出版社 2009 年版,第 1008 页。
② 翁岳生编:《行政法》(下册),中国法制出版社 2009 年版,第 1009 页。
③ 薛波:《元照英美法词典》,法律出版社 2003 年版,第 448 页。

程序权的意义上,正当程序与防御权及程序基本权才能获得法律属性共性上的理解。但无论如何,当正当程序原则内涵指向其最低要求时,它是一种程序上的权利,是毫无疑问的。如此,我们就可以这样理解正当程序原则:当正当程序原则仅指向其最低标准时,它是一项程序上的权利;权利内容为:当行政行为的作出会对相对人产生不利影响时,程序当事人有权要求获得申请回避的权利、陈述申辩的权利、告知理由的权利。事实上,从我国司法实践中人民法院的判决理由以及最高人民法院行政庭的案例评析看,当前主流的对正当程序原则内涵的认识和接受程度也大体仅限于此。①

分析至此,我们终于可以获得程序权利与正当程序原则内在的关联——当正当程序指向最低标准时,它可以归属程序权利的范畴;正当程序原则作为一种程序权时,它相对确定的内容为:当行政行为的作出会对相对人产生不利影响时,相对人有权获得申请回避的权利、陈述申辩的权利、告知理由的权利。事实上,这也是公认的正当法律程序的主要含义。《布莱克法律辞典》中,正当法律程序的主要含义为:"任何其权益受到判决影响的当事人,都享有被告知和陈述自己意见并获得听审的权利。"

如果这种解释成立,则正当程序原则借助对"原告权利"包括程序权利的解释,而获得其于我国行政程序违法司法审查中能被予以适用的"制定法"上的支持,即新修《行政诉讼法》第

---

① 中华人民共和国最高人民法院行政审判庭编:《中国行政审判指导案例》(第1卷),中国法制出版社 2010 年版,第 99—104 页。

74 条第二款的规定："行政行为程序轻微违法,但对原告权利不产生实际影响的",从而为破解我国学理以及司法实践中存在多年的如何适用正当程序原则的难题提供一种可行性的尤其是不违背成文法传统的路径。具体适用规则上遵循"新法优于旧法"规则,"根据行政审判中的普遍认识和做法,行政相对人的行为发生在新法施行以前,具体行政行为作出在新法施行以后,人民法院审查具体行政行为的合法性时,实体问题适用旧法规定,程序问题适用新法规定,但下列情形除外:(一)法律、法规或规章另有规定的;(二)适用新法对保护行政相对人的合法权益更为有利的;(三)按照具体行政行为的性质应当适用新法的实体规定的。"①以及"上位法优于下位法"规则,"为维护法制统一,人民法院审查具体行政行为的合法性时,应当对下位法是否符合上位法一并进行判断。经判断下位法与上位法相抵触的,应当依据上位法认定被诉具体行政行为的合法性。"②由此,正当程序原则(正当程序权)的司法适用几乎能够对相对人的合法权益提供一种近似"无漏洞"的程序保护。

(四) 对正当程序原则(权利)的几点说明

1.正当程序原则作为程序权利的确定性。正当程序原则作为一个法律原则,其内涵是不确定的,存在着巨大的解释空间,

---

① 参见最高人民法院关于印发《关于审理行政案件适用法律规范问题的座谈会纪要》的通知,法[2004]第96号。

② 参见最高人民法院关于印发《关于审理行政案件适用法律规范问题的座谈会纪要》的通知,法[2004]第96号。

这一"客观"存在的特性,对我们将其作为我国行政程序违法司法审查的一个适用标准无疑是不合适的。不合适性不仅在于其作为确定标准本身的不合适,还在于它的适用必然会引起我国现行政治体制的冲突。因此,在我们将其解释为新法第74条第一款规定的程序权利时,实际上是有前提的,即此时的正当程序原则仅仅指向其最低标准。也就是说,作为程序权利理解时,其内涵是相对确定的。

2. 正当程序原则作为程序权利时,是指一项原则性的程序权利,即当行政行为的作出会对相对人产生不利影响时,相对人有权获得申请回避的权利、陈述申辩的权利、告知理由的权利。正是这种权利的原则性决定了它在适用上的备用性或者说补充性。依据成文法律适用的通行规律,法律有明确规定适用法律规定,仅在无法律规定或规定不明时,适用法律原则。正当程序原则作为一项原则性权利时,同样遵循这一规律。即当行政程序有法律明文规定时,适用法律明文规定,仅在无法律明文规定或规定不明时,适用正当程序权利。所以,行政程序违法司法审查中,正当程序原则仅是一个补充性的适用标准。

3. 正当程序原则作为一项程序权利,其义务主体是相对"恒定"的,是行政机关。因为,这是相对人在行政程序中对行政主体所享有的程序权利,其权利指向的义务主体当然是行政机关,而绝不可能是指向行政相对人。至于,可能的追问,行政主体的程序义务来源于哪里?笔者的回答是,可以有两种解释:

第一,来源于诉讼法的规定;第二,是行政主体所负的于行政行为作出过程中的默示义务。无论是基于何种解释,对此项行政程序义务的违反,都表征行政机关的行政行为具有严重违法性。

第二节 不同判决形式在法律上的适用标准

抽象层面上,行政程序违法性程度表征着行政程序价值的损害程度;实践层面上,行政程序违法性程度对应着行政程序制度功能的实现程度,只是方向相反:法权模式上(权利义务模式或权力义务模式),行政程序违法性程度总的特征是,为行政主体程序义务的违反,分别对应着相对人的程序权利的损害与其他行政主体行政权力的损害。如此,程序违法性程度有了价值上的参照、法权模式上的参照与实践功能上的参照。行政审判是从法律层面解决行政程序违法性的处理方式问题,所以程序权利、程序上的权力必定成为法律上考虑的关键点。同时,法律上的考虑又必须以实践事实(制度功能的实现状况)为基础。当实践上的制度功能未实现,则法律上的程序权利、程序上的权力受损,行政程序价值受损。

本部分将从一般性的层面上讨论有关行政程序违法判决形式的适用标准,暂不涉及特殊制度安排,例如新法第74条第一款第(一)项、第74条第二款规定的特殊情形。

一、确认违法判决的适用标准

确认违法判决的适用标准所要解决的问题是,以程序违法性程度为基础,以给定标准为依据,于法律上判断何种情形下,人民法院仅确认行政行为的违法性但不否决行政行为的效力,即行政程序违法性程度轻微的归属判断。

先行说明:据新法第 70 条规定,行政行为违法判断的标准有 6 个,分别为:主要证据不足的、适用法律法规错误的、违反法定程序的、超越职权的、滥用职权的、明显不当的。可见,行政程序违法司法审查只是行政行为合法性审查 6 种情形中的一种。因此,行政程序的合法性审查并非行政行为合法性审查唯一的路径,也从来不是唯一路径。作此界定的目的在于说明,如果程序上的某一轻微违法情形导致实体上的错误,那么行政行为的合法性审查就转化为实体方面的审查,而无"纠结"于程序合法性审查的必要。在这个意义上,新法第 74 条第一款第(二)项规定的"行政程序轻微违法,但对原告权利不产生实际影响的"中,原告权利包括实体权利还是有着较大的现实意义。例如,罚款单因书写错误将 50 元误写为 500 元,若行政处罚机关坚持以 500 元收缴罚款,那就不是程序上的错误问题,而是实体上的问题;如果情形相反,行政机关收缴罚款的真实额度仍是 50 元,这种情形就属于程序上的错误,即误写。类似情形还有,例如误算。只是因行政程序违法并对原告实体权利产生了实际影响的情形,这从来不是行政程序违法司法审查的难点。

（一）程序权利标准

以行政相对人的程序权利为标准之一,判断行政主体于行政程序运行过程中对其程序义务的违反是否属于新法第70条规定的判决撤销的范围,表面上是从正面划定行政主体程序违反性程序归属判决撤销的界限,事实上具体判断时,却是遵循从反面划定界限的思维路径,即当行政主体对其程序义务的违反对相对人的程序权利造成实际影响的,则不属于判决确认违法的范围。

司法审查实践中,人民法院又是根据什么来判断行政主体对其程序义务的违反是否对相对人的程序权利造成了实际影响?判断的实践依据是程序制度功能的实现程度。人民法院通过对行政程序运行事实的认定,判断行政主体对法律规定的程序规则的违反是否对该程序规则所属程序制度功能实现造成了实际影响,即判断某一具体程序制度的功能实际上是否实现。唯当行政主体对行政程序规则的违反并不实际损及该程序规则所属程序制度功能的实际发挥时,则从法律层面将其定性为:未对相对人的程序权利造成实际影响。当然,根据法律适用的抽象思维逻辑,这是法律涵摄事实的过程。"在判断案件事实是否符合法条的构成要件时,判断者需要作各种不同种类的断定。"[1]

---

[1] ［德］卡尔·拉伦茨:《法学方法论》,陈爱娥译,商务印书馆2003年版,第165页。

　　基于行政行为实施方式多种多样，因而行政主体违反法律规定的程序规则的表现形态亦是多姿多彩。常见的如书写错误、记录错误、计算错误、记录遗漏、签名错误、签名遗漏等。这就意味着，孤立判断行政主体违反程序规则的何种情形就必定属于法律上的损及行政相对人的程序权利的简单思维毫无用处。任何一个具体的案件中，我们都要将行政主体对程序规则的违反置入该程序规则所属具体程序制度的整体当中。只有这样，我们才能具体判断行政行为程序规则的违反对程序制度功能的实际损害，才有从法律上定性的可能。例如，对书写规则的违反在不同程序制度中所起的实际作用是不一样的，有些时候是无足轻重，但有些时候则会造成该制度功能实践上的根本性的丧失。实践中的情形例如姓名书写错误，孤立地看，我们无法对其实际效果进行判断，当它出现在听证通知书中时，因姓名书写错误使得相对人事实上无法收到该通知书，造成的对相对人的程序权利的损害将是一系列的，但如果这份姓名书写错误的听证通知书是直接交付送达，则将不会对当事人的任何程序权利造成损害。正因如此，个案处理中，对被违反程序规则所属具体程序制度功能的考察于行政程序违法司法审查中有着极其重要的意义。程序制度功能的实践实现即为程序权利法律上的实现。

　　程序权利标准适用中不确定的因素来自于对"实际影响"含义的理解。其中最为困难的，是对当事人程序权利的行使产生推迟效果的程序违法如何适用判决形式。例如，行政处罚通知书或是行政处罚告知书的迟到，其影响是推迟程序权利行使的事实的效果,程序权利并不真实的因此会丧失。对"实际影响"的解读,实质上是关系到行政程序法上的期限制度的法律效果问题。本书将在具体行政行为程序违法司法审查中给予专门讨论。

(二)程序越权标准

程序越权标准直接指向的是行政行为作出过程中行政权于内部运行的程序上的权力分配关系。

行政诉讼是以对行政行为的合法性审查的诉讼机制实现其诉讼目的。"就行政诉讼产生及其存在的意义和价值而言,其本质正在于将行政权力或公共权力置于同等地位,矫正行政管理或公共管理过程中行政权力或公共权力居高临下的局面,为公民、法人和其他组织提供说理、表达不满和获得救济的机会。因此,行政诉讼的首要目的和根本目的正是要保护公民、法人和其他组织的权益,解决行政争议和监督行政机关只能服从和服务于这一首要目的和根本目的,而不能凌驾于保护公民、法人和其他组织权益之上。只有如此,才能避免三者之间出现冲突和不一致。"①新法第1条规定:"为保证人民法院公正、及时审理行政案件,解决行政争议,保护公民、法人和其他组织的合法权益,监督行政机关依法行使职权,根据宪法,制定本法"。可见,行政诉讼法所要实现的主要目的有两个:对行政相对人的权益保护,这是根本的;同时监督行政机关依法行政。但是,连接行

---

① 马怀德:《保护公民、法人和其他组织的权益应成为行政诉讼的根本目的》,载《行政法学研究》2012年第2期。

政诉讼两个目的之间的桥梁是行政行为。因此,行政程序违法司法审查于内部程序上的范围仅仅指向与行政行为作出直接关联的内部行政权力分配关系,而不涉及其他的内部程序规定。正如前文所指出的,程序越权指向的是行政行为作出的内部权限分工。这就意味着那些与行政行为作出的权限无直接关联的内部程序规定并不在程序越权标准的衡量范围之内。例如,内部的备案程序规定、协作程序规定等。

行政行为违反内部程序规定,司法审查中,人民法院适用程序越权标准。当行政主体内部程序义务的违反损害其他主体的与行政行为的作出密切相关的程序上的权力时,则不适用确认违法判决。如此,内部程序违法一般会在两种情形下适用确认违法判决:第一种情形,即行政机关没有履行并不涉及行政行为作出权限的程序上的义务;第二种情形,行政机关虽违反内部程序有关权力分工的规定,但是并不损及该规定原本功能的实现。这种情形的实践表现在行政机关负责人集体讨论决定程序中会产生,例如,参会人员签名的遗漏、记录内容上的错误等。审批程序、审核程序、批准程序、上级决定程序等内部程序中,也有可能会产生类似情形,但必须有足够的证据证明,该程序制度所欲实现的功能真实地得以实现。

二、撤销判决的适用标准

撤销的目的在于"由法院以撤销被诉具体行政行为的方

法,原则溯及既往地消灭行政行为的效力,使得原告因该具体行政行为被侵害的权利得以恢复。"①可见,撤销的严厉之处在于原则上不溯及既往地消灭行政行为的效力。就行政程序违法司法审查而言,立法者基于何种理由要对程序违法行政行为下此杀手——溯及既往地消灭行政行为的效力? 新法第70条给出的答案是"违反法定程序的"但符合新法第74条规定的情形例外。这就产生了撤销与否界分的问题,即撤销判决的适用标准问题。考察世界各国,几乎找不到完全一致的答案,这就意味着这个标准是变动的。基于本书的分析和主张,笔者给出撤销判决适用与否的3个判断标准:程序权利标准、程序越权标准、正当程序原则标准。

标准给定的理论上的依据笔者已从理论上的应然性和制定法规定的可能性上作了较为深入的分析论证。这里需要解决的问题是:立足于程序违法性程度,进一步分析撤销判决与适用标准之间的必然性与对应性。

(一) 程序权利标准

1. 必然性

行政程序违法,立法者是基于什么考虑为其设置撤销判决,即要否决这种违法行政行为的效力。这是解开撤销判决适用标准问题的关键。而这个答案必定蕴含在行政程序法本身。对于

---

① 马怀德主编:《行政诉讼原理》(第二版),法律出版社2009年版,第110页。

立法者制定行政程序法的目的,无非两种解释:程序具有工具价值或程序具有独立价值。如果立法者真的是基于程序的工具价值而制定程序法,则程序违法的法律后果自然就以实体是否正确为唯一的判断标准。而这一假设根本无法从旧法第54条中得到印证。旧法规定"违反法定程序"判决撤销,没有再附加任何其他条件。新法第70条规定继承旧法第54条规定。更能说明问题的是,从新法第74条规定中,可以解读出,新法的要求是行政程序具有"严重违法"应判决撤销。那么这个"严重违法性"的内涵是什么? 当然不能仅从程序工具论中获得解释,还有另外一种重要的解释路径,即行政程序"严重违法性"是指向程序的独立价值。

既然新法规定所追求和保护的包括行政程序的独立价值,那么程序权利就成为至关重要的支点。本书已经论证,程序的独立价值于法权模式上的呈现即为对程序权利的保护。程序权利担保着程序制度功能的实现,程序权利承载着行政程序的独立价值,程序权利实现则程序的独立价值实现。因此,重要程序必然指向程序权利,即程序权利实现则立法者所追求的程序价值实现。相反,如果程序权利未能实现,自然是程序的独立价值受损,也就是行政行为违反了立法者所要保护的重要程序,所以,立法者为此种情形设置撤销判决。这点同样也能从第74条规定的内涵中予以解释。

根据学者的研究,我国"司法实践"通过自身的摸索与演绎,形成了自己的强势的"法定程序"判断标准:一、所违反之程序是否为重要程序;二、所违反之程序是否对实体结果产生实际影响。① 问题在于:什么是重要程序? 什么是实际影响? 在"杨泰然、黎景标与佛山市顺德区容桂街道办事处土地行政确认纠纷案"中,一审法院认为:"虽然容桂街道办没有提供证据证明其受理自然新村业委会的申请后制作书面的受理通知书,及向申请人杨泰然、黎景标发出答辩通知书,属于程序瑕疵,但容桂街道办在受理自然新村业委会就权属争议纠纷问题对杨泰然、黎景标及自然新村委员会进行调查及调解,杨泰然、黎景标及自然新村委员会对容桂街道办已受理自然新村业委会提出的土地适用权权属争议申请已熟知,双方的权利行使未受到任何限制,该程序瑕疵不影响实体处理的正确性。"二审法院认为:"虽然被上诉人没有提供证据证明其受理原审第三人的申请后制作书面的受理通知书并向上诉人发出答辩通知书,程序上存在瑕疵,但由于被上诉人已在处理过程中就权属争议向双方当事人进行了调查及调解,上诉人已明确知悉了被上诉人受理了该土地权属争议纠纷,也向被上诉人陈述了自己的意见,实质上行使了答辩的权利,故该程序瑕疵不影响实体处理的正确性。"② 此案中的获得告知制度、听证制度的重要性都可以被"稀释"为不重要的制度。

"如何判定'重要程序'极不容易,所以,'重要程序说'之缺

---

① 章剑生:《对违反法定程序的司法审查——以最高人民法院公布的典型案件(1985—2008)为例》,载《法学研究》2009 年第 2 期。

② (2014)佛中法行终字第 367 号。

陷也是明显的。在个案处理中,有时'重要程序'之解释倒可能成为法院基于某种考虑'灵活'作出判决的理由。"①这就使得我国行政审判充满着这样一种倾向——遵循能动司法观。该观点认为,"法官在审理案件过程中,除考虑法律效果之外,还应该考虑法律效果之外的社会效果的尺度。法律效果之外需要作为司法的考量标准,可能是社会稳定、与政府关系、党的领导、群众情绪、经济发展等因素,而这些因素都是外生于法律规范的情景性的因素。能动司法要求综合考量各方利益关系,在进行价值判断、价值综合平衡的基础上采取相应的司法措施。"②这就不难解释,为什么旧法实施过程中,程序违法司法审查标准和判决结果极其混乱,毫无可预测性可言。

可见,确立程序权利标准作为行政程序违法判决撤销的标准,无论是从程序独立价值的法权模式运行逻辑还是从增强司法的可预测性与统一性,都具有必然性。相对人的程序权利不能实现,意味着程序制度的功能得不到发挥,意味着立法者所欲追求的程序制度价值受损,这才是立法者为此类程序违法性程度设立撤销判决的真正原因。

2. 撤销判决对应的实践情形

以程序权利是否实现作为撤销判决的标准之一,从程序违法性程度的视角看,即为当行政程序违法性程度达到致使相对人的

---

① 章剑生:《对违反法定程序的司法审查——以最高人民法院公布的典型案件(1985—2008)为例》,载《法学研究》2009 年第 2 期。

② 张娟:《论能动司法在我国行政审判中的展开》,载《江淮论坛》2012 年第 4 期。

程序权利不能实现的程度,应判决撤销。程序违法性程度于实践中的表现是程序制度功能的实现程度,因而考察行政程序制度功能于实践中的实现与否的情形将有基础性的"根据"意义。

前文在论述程序制度的功能以及具体程序制度功能于实践中的表现形态中已经指出:任何一个具体的程序制度都由若干程序性规则组成,这些程序性规则从步骤、形式、顺序、时限等要素方面进行程序制度的建构;程序运行过程对其任何一个要素的违反必将构成对程序制度构成规则的违反,构成违反法律规定的程序,实际上是违反法律规定的程序规则。但这一违反是否就必定使得该程序规则所属程序制度的功能丧失,答案则是否定的。这一研究结论,为我们在司法实践中如何判断相对人的程序权利是否实现指明了路径——实践中具体程序制度功能的整体实现程度判断。换言之,具体程序制度的整体功能是否实现决定了相对人的程序权利是否实现,也决定了程序制度的价值是否实现。如此,裁判才有了某种程度上的"客观性",才有了可预测性,裁判结论才具有了某种程度上的必然性。需要特别指出的是,司法实践中,某一具体程序制度的整体功能判断,是以该程序制度自身的构成程序规则为判断基础,而不是其他程序制度的类似规则。

(二) 程序越权标准

本书在提出以程序越权作为内部程序违法司法审查的标准时,已从内部程序的程序制度价值、法律秩序价值以及现行法的规定方面分析、论证了确立这一标准的合理性。这里仅需进一步回答,为何程序越权需要撤销判决,答案同样蕴含于撤销判决的功能之中。

内部程序的规定中承载着立法者诸多价值追求,同时这些价值追求有着有利于相对人利益保护一致的考虑。事实上,制定法上有关内部程序的条文也是这样规定的。如《行政处罚法》第38条第二款的规定:"对情节复杂或者重大违法行为给予较重的行政处罚,行政机关的负责人应当集体讨论决定。"类似的规定还有《治安管理处罚法》的第99条第一款的规定。如果司法审查中仅仅遵循当事人利益考虑的角度适用判决形式,因内部程序与相对人的程序权利无关,则判决的标准唯有相对人的实体权益是否受损。此时,就会出现一种合乎逻辑的结论,当内部程序违法,但对相对人的实体权益不产生影响,自然也就无需否决内部程序违法行政行为的效力。结果正义的司法裁判逻辑使得内部程序的价值的实现处于高度不确定状态。内部程序价值获得独立性的基础在哪里?笔者提出程序越权标准的依据的核心是权力分工。对于涉及行政权力于内部程序上分工的规定,立法者的立法意图是借助权力分工,从而限制权力的恣意行使。在这一点上,内部程序与外部程序于程序的实质上获得了一致性。"程序的公正性的实质是排除恣意因素,保证决定的客观正确。"[1]由此,内部程序中涉及权力分工的程序规定获

---

[1]　季卫东:《法律程序的意义》(增订版),中国法制出版社2012年版,第22页。

得了自身的独立性。

撤销判决是立法者基于制定法上的程序制度价值能否实现而设定。基于内部程序规定中"权力分工"程序制度的独立性，行政程序违法司法审查中的逻辑自然是，当行政行为违反内部程序规定中的分权程序时，以程序越权判决撤销。司法实践中，客观上的判断根据是，此类程序制度的功能是否得以实现。

（三）正当程序原则标准

在行政行为的作出有法律明文规定时，行政行为因违反法律规定的程序判决撤销的标准有两个，即上文论述的程序权利标准与程序越权标准。而撤销判决适用正当程序原则标准的逻辑则是一种非常特殊情形。笔者在论证借由对新法第74条规定的解释，可以"释放出"行政程序违法司法审查中适用正当程序原则标准的可行性，但要对其适用作内涵、范围与对象上的严格限制。因而不能孤立地说，撤销判决的适用标准是正当程序原则，否则会得出奇怪的结论。因为，就违法性程度而言，还有比撤销判决对应的违法性程度更严重的确认无效判决对应的违法性程度，而确认无效判决的违法性程度显然是包含在一般意义的正当程序原则之中；同时，奇怪的结论也与我国成文法的法治原则相背离。

三、确认无效判决的适用标准

就行政程序违法性程度而言，新法规定的判决类型中还有

158

一种潜在的判决形式——确认无效判决。针对行政程序违法司法审查而言,该对确认无效判决设立怎样的适用标准?

（一）　确认无效判决存在的意义

我国现有制定法上,能直接支持无效行政行为存在的依据是《行政处罚法》。该法第 3 条规定:"没有法定依据或者不遵守法定程序的,行政处罚无效";第 41 条规定:"行政机关及其执法人员在作出行政处罚决定之前,不依照本法第三十一条、第三十二条的规定向当事人告知给予行政处罚的事实、理由和依据,或拒绝听取当事人的陈述、申辩,行政处罚决定不能成立";第 49 条规定:"行政机关及其执法人员当场收缴罚款的,必须向当事人出具省、自治区、直辖市财政部门统一制发的罚款收据;不出具财政部门统一制发的罚款收据的,当事人有权拒绝缴纳罚款"。尤其是《行政处罚法》第 31 条的规定,同时结合 2000 年《行政诉讼法若干问题的解释》第 57 条第二款的规定,为人民法院于司法实践中判决确认违法行政行为无效提供了制定法上的有力支持。

从逻辑上看,确认无效判决的前提是行政程序法上承认无效行政行为这种类型的存在。前文在论及判决类型体系时就已提到,学界对无效行政行为于法理上是否有存在的价值存有争论。如果以支持与反对的数量判断,占主导地位的观点是支持无效行政行为这种类型的存在。罗豪才、湛中乐两位学者主编的行政法教材中认为,"如果行政行为具备下述情形,行政相对方可视之为无效行政行为：（1）行政行为具有特别重大的违法情形或具有明显的违法情形；（2）行政主体不明确或明显超越相应行政主体职权的行政行为；（3）行政主体受胁迫作出的行政行为；（4）行政行为的实施将导致犯罪，行政相对方有权抵制而不予执行；（5）不可能实施的行政行为。"①其后，多位学者专门撰文论及无效行政行为存在的法理依据及其积极意义。② 持怀疑观点的学者则从法理与实践操作层面对之提出一系列的质疑，"具体行政行为往往涉及第三人和社会公众权益的维护，相对人抵抗无效行政行为是否具有正当性？相对人根据自己的判断实施抵抗是否过于武断？如果相对人误用或滥用了抵抗权，我们又怎样保护第三人与社会公众的权益？普通相对人能对行政行为无效与否作出准确判断？相对人趋利避害的本性是否会影响行政行为无效判断的可靠性？相对人有实力抵抗行政行为吗？所谓'温和的抵抗'可行吗？延长救济期限对相对人权益保护有多大帮助？"③

从行政诉讼的视角审视，由于确认无效判决与撤销判决的实质意义上的法律效果相同，都能溯及既往地产生否决行政行为的效力，那么确认无效判决于行政诉讼法上的意义到底在哪

---

① 罗豪才、湛中乐主编：《行政法学》，北京大学出版社 1996 年版，第 226 页。

② 参见金伟峰：《我国无效行政行为制度的现状、问题与建构》，载《中国法学》2005 年第 1 期；王锡锌：《行政行为无效理论与相对人抵抗权探讨》，载《法学》2001 年第 10 期；沈岿：《法治和良知自由——行政行为无效理论及其实践探索》，载《中外法学》2001 年第 4 期。

③ 张旭勇：《权利保护的法治限度——无效行政行为理论与制度的反思》，载《法学》2010 年第 9 期。

里？实质性的意义在于诉讼时效。确认无效判决绝对不受诉讼时效的限制。这一点上它与特殊的诉讼时效规定以及可延长的诉讼时效的规定都不同。它为当事人提供了一个丧失所有的正常的诉讼机会之后绝处逢生的机会，而这恰恰是撤销判决所无法做到的。机会总与危机并存，波斯纳就协助自杀问题所发表的见解或许是为更好地说明："法律会允许濒临死亡的病人拒绝治疗，但是法律却拒绝允许病人授权医生杀死自己。法律之所以禁止医生协助自杀是担心这会给医生增加一个杀人的工作，担心不耐烦的医生匆忙把付不了钱的病人过早送进死亡，担心不耐烦的家人迫使病人安静离开。"①

（二）"重大且明显"标准

基于本书以行政程序违法性程度为基础，明确提出程序违法司法审查司法判决三分的观点，剩下所要解决的问题是，重大行政程序违法判决确认无效的适用标准是什么？

新法第 75 条规定中，对确认无效判决的适用标准给出的指导性示例都是实体性的，唯"等重大且明显违法情形"留下解释的空间。对何种情形可能归属"等重大且明显违法情形"，学界既有理论的参考目光几乎无一例外地投向了《德国联邦行政程序法》第 44 条关于绝对无效的规定。此条规定中与程序有关的有两种情形："（1）虽已书面作出，但作出的行政机关却未标明

---

① 波斯纳：《道德和法律理论的提问》，苏力译，中国政法大学出版社 2001 年版，第 148 页。

该行为由谁作出;(2)根据法律规定,行政行为仅可以交付一定的文书方式作出,而未交付文书的。"①对这两种情形的具体理解,德国学者作出这样的解释,"(1)采取书面方式的行政行为未标明作出机关,因为关系人不知道向哪个行政机关对哪个行政机关寻求法律救济。(2)根据法律规定必须通过颁发证书作出的行政行为,但没有遵守该形式要求的。这不包括法律只单纯规定行政行为'采取书面方式'的情形。"②德国程序法对"重大且明显违法情形"的列举规定,相继为日本以及我国台湾地区所采纳。

重大行政程序违法还有可能存在其他情形吗?我国司法实践中因程序违法判决确认无效的案例或许能为我们提示出适合我国国情的第三种情形。"四川省南充市顺庆区源艺装饰广告部诉四川省南充市顺庆区安全生产监督管理局安全生产行政处罚案"③中,人民法院判决确认无效的核心理由是,顺庆区安监局的邮寄送达行为未能实现《行政处罚法》第 31 条的立法目的,导致行政相对人因《行政处罚法》第 41 条的规定而享有的程序性权利落空;"俞飞与无锡市城市管理行政执法局处罚纠纷上诉案"中,人民法院判决确认无效的理由同样是,无锡市城管局的告知方式未能实现"被告已向原告告知给予行政处罚的

---

① 参见应松年主编:《外国行政程序法汇编》,中国法制出版社 2004 年版,第 98 页。

② [德]汉斯·J.沃尔夫、奥托·巴霍夫、罗尔夫·施拖贝尔:《行政法》(第二卷),高家伟译,商务印书馆 2002 年版,第 86 页。

③ 中华人民共和国最高人民法院行政庭编:《中国行政审判案例》,中国法制出版社 2011 年版,第 205 页。

事实、理由和依据及告知原告有权要求陈述和申辩",因而"根据行政处罚法的有关规定,被告所作的行政处罚决定不能成立。"①从上述案例中,我们完全可以归纳出一种情形,即因行政机关未为有效告知时,致使当事人无法行使听证、陈述或申辩的权利时,人民法院判决确认违法。

论及于此,对于因程序违法判决确认无效的标准,笔者赞同遵循主要国家及我国台湾地区的通例,由法律明确列举,近期可以由司法解释作出规定。其情形至少可以有三种:"第一种,无法辨认作出行政处理决定的行政机关"②;第二种,未依法作出法律规定必须通过颁发证书形式作出的行政行为;第三种,因行政机关未为有效告知,致使当事人无法行使听证、陈述或申辩的权利的情形。

第三节　利益衡量对司法审查标准的"损害性"

行政审判过程的经验表明,利益衡量(价值判断)不仅存在于对最终的司法认定的"完整事实"赋予法律效果的阶段,同样也存在于对构成最终事实的若干构成要件的判断阶段。行政审判的经验还表明,人民法院更倾向于选择在事实构成要件的判断阶段适用利益衡量原则,而不是在对最终"完整事实"赋予法

---

① 参见《人民司法》2011 年第 24 期。
② 江必新、邵长茂:《新行政诉讼法修改条文理解与适用》,中国法制出版社 2015年版,第 280 页。

律效果的阶段。因为,行政判决书的公开展示表明,在对最终"完整事实"赋予法律效果的阶段适用利益衡量原则是需要说明衡量理由的,但在对事实构成要件的判断阶段适用利益衡量原则往往无需明晰利益衡量的理由。司法裁量的"恣意"亦由此获得了存在空间。就行政程序违法司法审查的过程而言,这对程序违法的司法审查标准能否得以被正确地适用,则构成巨大的挑战!

一、利益衡量方法

（一）对利益衡量方法的考察

1. 作为学术概念的利益衡量

"利益衡量方法,实际上是先有结论后找法律条文根据,以便使结论正当化或合理化,追求的是让法律条文为结论服务而不是从法律条文中引出结论。法院的最后判决依据的不是法律条文,而是利益衡量初步结论加找到的经过解释的法律条文"①,即"是指那种在具体案件的背景下,比较权衡没有绝对位序高低的利益及背后的规范理由乃至价值基础,由此得出裁判结论的过程或方法。"②

---

① 梁上上:《利益的层次结构与利益衡量的展开——兼评加藤一郎的利益衡量论》,载《法学研究》2002 年第 1 期。
② 余净植:《"利益衡量"理论发展源流及其对中国法律适用的启示》,载《河北法学》第 29 卷第 6 期,2011 年 6 月。

2. 作为一种方法论的利益衡量

利益衡量原则作为法律解释与适用的一种方法,是经由梁慧星先生对日本民法学者加藤一郎和星野英一的利益衡量理论的介绍而被引进的,对国内学术界产生了非常大的影响。其后,国内有诸多学者加入了对利益衡量理论的介绍、评论与研究。利益衡量作为一种法律解释与适用的方法,不仅被广泛适用于民法领域,也被适用于行政法领域,甚至是刑法领域①。利益衡量作为学术性的法律适用方法论,其思想理论源头始于德国的利益法学派。利益法学是 19 世纪末 20 世纪初西方法律思想界"自由法运动"的重要组成部分,与同时期的目的学派、科学学派、自由法等有着共同的学术旨趣倾向(当然各学派具体的主张亦存有差异),即对概念法学或法律形式主义进行批判,"概念主义法理学是从这样一个假设出发的,即使在法律制度是'无缺陷'的,以及通过适当的逻辑分析,便能从现存的实在法制度中得出正确的判决。"②揭示出:司法过程不可能是一个纯粹的三段论"规范+事实=结果"的演绎过程,司法实践的经验表明,这种三段论式运作不能完全保证获得唯一的正确答案;个案中法官通常难以直接获得适用的规范,且个案的事实又并非是一目了然,因此解释与裁量必不可少。《法律解释和利益法学》是利益法学的创始者与代表人物菲利普·赫克的经典著

---

① 参见劳东燕:《法益衡量原理的教义学检讨》,载《中外法学》2016 年第 2 期。
② [美]博登海默:《法理学法哲学及其他方法》,邓正来译,华夏出版社 1987 年版,第 136 页。

作。在其著作中,菲利普·赫克充分汲取其前辈耶林所创立的"目的法学"思想,以利益法学与概念法学(法律形式主义)的对比为主线,从法学的概念形成、法官的判决、法学结构三个角度,系统完整地阐述了利益法学的基本立场与主张。《法律解释和利益法学》一书中的核心内容为:法的解释适用中存在利益衡量;主张司法过程中进行利益衡量;衡量应忠于法律条文。基于德国的成文法传统,作为法律解释适用方法的利益衡量在其后的发展中,利益衡量中的现实利益总是以法律上的利益的面目出现,因此利益衡量多被称为"法益衡量"。

同时期,美国的"自由法运动"有着自己的特色,即其法律解释与推理理论受本土实用主义和从欧洲传入的社会学思想的双重影响。利益衡量理论的开创者霍姆斯认为:"法律是对法院事实上将作什么的预测","法律的生命不是逻辑,而是经验"。① 大法官卡多佐认为:"规则的涵义体现在它们的渊源中,这就是说,体现在现实生活的急迫需要之中。这里有发现法律的最强可能性。同样,当这里有需要填补法律的空白之际,我们应当向它寻求解决办法的对象并不是逻辑演绎,而更多是社会需求。"②另一代表人物庞德宣称:"法秩序的任务是利益的确认和衡量"。甚至有极端主义者认为,对那些疑难案件的判决不是基于逻辑,而是基于法官的直觉、个人的政见或者性情。美国

---

① 沈宗灵:《现代西方法理学》,北京大学出版社1992年版,第310页。

② [美]本杰明·卡多佐:《司法过程的性质》,苏力译,商务印书馆1998年版,第76页。

"自由法运动"关注的重心在于"行动中的法"。基于特殊的国情,日本的利益衡量论深受美国现实主义法学的影响。撇开差异性,日本利益衡量理论的两位开创者加藤一郎和星野英一都主张:(1)在进行法律解释适用时,应避开制定法,而对从属于具体事实的利益作利益衡量;(2)利益衡量应从普通人的立场出发,不得违背常识;(3)经过利益衡量的结论经随后的符合法律的检验与修正即为最终的结论,即"理由附随"(俗话可解释为:有着强烈的"先上车,后买票"的倾向)①。

(二) 利益衡量方法对我国行政审判的影响

1. 行政审判制度建设层面

利益衡量方法适用于行政诉讼领域最为直接的表现,即为"情况判决"制度的设立。情况判决制度本为日本于20世纪30年代所创设,②后为韩国、我国台湾地区行政诉讼理论及实践所引进。鉴于我国大陆地区行政诉讼制度("初创时期")的建设与发展深受日本及我国台湾地区行政诉讼理论与实践的影响,故很难推定说,在1999年《最高人民法院关于执行〈中华人民共和国行政诉讼法〉若干问题的解释》第58条出台之前,我国司法界"高层"精英对利益衡量(特别是情况判决)这一法律适用方法(或判决形式)一无所知。但有一种可能性是存在的,即

---

① 参见余净植:《"利益衡量"理论发展源流及其对中国法律适用的启示》,载《河北法学》第29卷第6期,2011年6月。

② 参见金成波:《行政诉讼之情况判决检视》,载《国家检察官学院学报》第23卷第6期,2015年11月。

1995 年,利益衡量作为一种法律解释适用方法论的引进,加速了 1999 年《最高人民法院关于执行〈中华人民共和国行政诉讼法〉若干问题的解释》第 58 条规定的出台。① 2014 年修改的《行政诉讼法》第 74 条第一款与第二款对利益衡量(归属情况判决)作了专条规定。

2. 行政审判实践层面

《最高人民法院关于执行〈中华人民共和国行政诉讼法〉若干问题的解释》于 2000 年 3 月 10 日起开始实施,2000 年 4 月 5 日"钱国冶、钱绍范、钱国和等诉舟山市普陀区建设环境保护局建设工程规划许可证案"②依据该解释第 58 条的规定,适用利益衡量方法,"被告核准该建设规划许可证时间是 1999 年 7 月,当时《舟山市普陀区城乡建设规划管理办法(试行)》已实施,应适用该办法,故被告辩称适用 1992 年的规定是错误的。鉴于第三人舟山市普陀区沈家门房地产开发公司已完成拆迁安置及打桩基础工程,若撤销被告的(1999)0941020 号建设工程规划许可证,将对国家利益、公共利益造成重大损失,应责令被告采取相应的补救措施,弥补将对原告造成的损害。"故判决,"一、被告舟山市普陀区建设环境保护局作出的(1999)0941020 号建设规划许可证违法。二、责令被告舟山市普陀区建设环境保护局

———————

① 《最高人民法院关于执行〈中华人民共和国行政诉讼法〉若干问题的解释》法释[2000]8 号第 58 条:被诉具体行政行为违法,但撤销该具体行政行为将会给国家利益或者公共利益造成重大损失的,人民法院应当作出确认被诉具体行政行为违法的判决,并责令被诉行政机关采取相应的补救措施;造成损害的,依法判决承担赔偿责任。

② (2000)普行初字第 2 号。

对原告合法权益造成的影响采取相应的补救措施。"

　　有学者利用"北大法宝"数据库的联想功能对该系统所收录行政诉讼案例进行检索,结果显示:从 2002 年至 2015 年的 14 年间,共有 157 个案件适用了情况判决。对比日本,1948 年至 1962 年间日本公布的情况判决适用的典型司法判例仅为 18 例。再通过对 157 则案例的审级与所涉及的行政管理领域分析,该学者指出:情况判决在我国行政审判中被广泛适用;各级人民法院都在适用;情况判决几乎适用于所有行政管理领域。①利益衡量方法的广泛适用同样能从中国裁判文书网上的检索结果中得到印证。有学者适用"利益衡量方法"检索了 2011 年至 2015 年中国裁判文书网上的判决书,结果显示:2011 年之前 22 起、2012 年 26 起、2013 年 35 起、2014 年 90 起、2015 年 101 起;五年间 274 起案件中,行政案件为 38 起,城乡建设行政管理(规划行政、房屋拆迁为主)14 起,资源行政管理 10 起,劳动和社会保障行政管理 7 起,工商及商标行政管理 4 起,其他类 3 起。②

二、程序违法司法审查实践中利益衡量方法的适用

　　形式主义法学(概念法学)的确定法律效果的三段论逻辑

---

　　①　参见金成波:《行政诉讼之情况判决检视》,载《国家检察官学院学报》第 23 卷第 6 期,2015 年 11 月。

　　②　房广亮:《利益衡量方法的司法适用思考——基于 274 份裁判文书的考察》,载《理论探索》2016 年第 3 期(总第 219 期)。

表达为:"完全的法条在逻辑上意指:只要构成要件 T 在某具体案件事实 S 中被实现,对 S 即赋予法律效果 R。"推论是:"假使任何一个案件事实实现 T,则应赋予其法律效果 R(大前提);特定案件事实 S 实现 T,质言之,其系 T 的一个事例(小前提);对 S 应赋予法律效果 R(结论)。"①逻辑模型为:T→R;S=T;S→R。由此模型可得知,要确定法律效果必经两个阶段:案件事实构成要件的确认阶段与法律效果的赋予阶段。因此,为更准确地分析利益衡量原则于程序违法司法审查实践中的应用情形,本书分两个部分分别讨论之,即:案件事实构成要件确认阶段(S=T)的利益衡量;法律效果赋予阶段(S→R)的利益衡量。但基于本书写作主旨的需要,本书将先讨论法律效果赋予阶段的利益衡量。

(一) 法律效果赋予阶段的利益衡量

1. 案情及判决理由

最高法院指导案例 88 号②:"张道文、陶仁等诉四川省简阳市人民政府侵犯客运人力三轮车经营权再审案"③,本案中最高人民法院查明的行政程序违法的情形为:"行政机关作出行政许可等授益性行政行为时,应当明确告知行政许可的期限。行政机关在作出行政许可时,行政相对人也有权知晓行政许可的

---

① [德]卡尔·拉伦茨:《法学方法论》,陈爱娥译,商务印书馆 2003 年版,第 150 页。

② http://www.court.gov.cn/shenpan-xiangqing-74102.html.

③ (2016)最高法行再 81 号。

期限。行政机关在 1996 年实施人力客运三轮车经营权许可之时,未告知张道文、陶仁等人力客运三轮车两年的经营权有偿使用期限。"最高人民法院认为:"张道文、陶仁等人并不知道其经营权有偿使用的期限。简阳市政府 1996 年的经营权许可在程序上存在明显不当,直接导致与其存在前后承继关系的本案被诉行政行为的程序明显不当。""简阳市政府作出《公告》和《补充公告》在行政程序上存在瑕疵,属于明显不当。但是,虑及本案被诉行政行为作出之后,简阳市城区交通秩序得到好转,城市道路运行能力得到提高,城区市容市貌持续改善,以及通过两次'惠民'行动,绝大多数原 401 辆三轮车已经分批次完成置换,如果判决撤销被诉行政行为,将会给行政管理秩序和社会公共利益带来明显不利影响。"根据《最高人民法院关于执行〈中华人民共和国行政诉讼法〉若干问题的解释》第 58 条有关情况判决的规定,最高人民法院对该提审案作出确认被诉行政行为违法判决。

2. 本案判决作为最高人民法院指导案例的规范意义

《最高人民法院关于案例指导工作的规定》第 7 条规定:"最高人民法院发布的指导性案例,各级人民法院审判类似案例时应当参照。"①根据该条规定并结合《立法法》对人民法院审判案件具有"参照"效力文件的规定,最高人民法院指导案例的地位归属"法"的范畴,具有规范效果。

---

①　法发〔2010〕51 号。

（1）利益衡量方法适用于法律效果的赋予阶段

从该案的裁判理由看,最高人民法院在法律效果的赋予阶段适用了利益衡量方法,即通过衡量本案中受法保护的私人权利与被诉行政行为直接关联的社会公共利益,得出若撤销被诉行政行为的效力将会对既定的社会公共利益造成"明显不利影响"的结论,同时基于法律对社会公共利益的保护强度优于对私人权利的保护,故采用确认违法判决,以实现在不撤销原行政程序违法行政行为的效力的同时,从司法立场宣告被诉行政行为的合法性。

88 号指导案例的重大价值之一在于:在行政程序违法的司法审查过程中,如出现撤销被诉行政行为将会对与本行政行为密切关联的社会利益造成明显不利影响时,应当在法律效果的赋予阶段(S→R)适用利益衡量方法,而不是通过改变对行政程序违法事实的认定来实现公共利益优先保护的裁判目的。

如果 88 号指导案例中的上述规范意义的确存在,这将从根本上改变既往行政程序违法司法审查中的惯性思维模式①:即法律效果赋予中的利益衡量方法的适用,是通过改变对行政程序违法事实的认定来得以实现。至于既往行政程序违法司法审查中,人民法院为什么会习惯性地选择通过改变对行政程序违法事实的认定以实现被诉案件中的利益衡量,本书将在接下来的对案件事实构成要件确认阶段的利益衡量论述中予以回答。

---

① 参见"唐国英诉扬州市环境保护局行政许可案",(2014)扬行终字第 0015 号;"施有方、张士华诉江苏省泗县人民政府房屋征收补偿案",(2014)宿中行终字第 0027 号;"惠济区人民政府、惠济区国土资源局注销宅基地使用证案",(2009)郑行终字第 220 号。

（2）程序违法事实的认定"相对独立"

88号指导案例态度鲜明地认定"简阳市政府作出《公告》和《补充公告》在行政程序上存在瑕疵，属于明显不当"，也即"行政机关在作出行政许可时没有告知期限，事后以期限届满为由终止行政相对人行政许可权益的，属于行政程序违法，人民法院应当依法判决撤销被诉行政行为"。程序违法司法审查事实的认定遵循事实认定本身的逻辑与规则，不必然地与法律效果的赋予中的利益衡量挂钩。此为88号案例呈现出的关于行政程序违法司法审查的又一重要的规范意义，且对行政程序独立价值的法律保护与行政程序违法的司法审查标准被正确地适用至关重要。

总之，最高人民法院88号案例这一特殊形态的"法"规定：行政程序违法司法审查中，利益衡量解释方法适用于法律效果的赋予阶段；程序违法事实的认定"相对独立"。这为程序独立价值的保护与程序违法司法审查标准的正确适用提供了"规范"上的保障。

（二）案件事实构成要件确认阶段的利益衡量

1. 案情及裁判理由

"惠济区人民政府、惠济区国土资源局注销宅基地使用证一案"①中，行政程序违法情形为，"2007年12月2日，惠济区国土局作出《注销大河路街道办事处新庄村等三个自然村原宅基地使用证公告》，'对新庄村、胖庄村和孟屯村三个自然村原有宅基

---

① （2009）郑行终字第220号。

地使用证予以注销,对按村庄规划建设的农户,依法按政策规定办理新的土地登记手续',并进行了张贴",对此,一审人民法院认为:"虽然惠济区政府所批复原则同意注销大河路街道办事处辖区内新庄村、胖庄村和孟屯村三个自然村原有宅基地使用证在适用法条以及之后由惠济区国土局公告送达程序上存在瑕疵,该瑕疵并不导致被诉具体行政行为被撤销,故本院对孙秀德的诉讼请求不予支持";二审人民法院认为:"但鉴于新村建设规划已经政府批准并大部分得到实施,考虑到公众利益及社会稳定问题,注销行政行为存在的问题并不导致被诉具体行政行为被撤销。综上,原判认定事实清楚,证据确凿,驳回孙秀德的诉讼请求并无不当。孙秀德上诉称区国土局无权注销宅基证、注销行为违反法定程序等上诉理由不能成立,本院不予支持。"

从本案一审判决书中,我们无法得知一审人民法院是基于何种理由将告知程序中的"张贴"行为认定为"程序瑕疵",即不属于违反法定程序。但就二审判决书中的裁判理由看,我们能准确无误地得出结论:二审人民法院之所以对"张贴"这一行政程序违法情形作出不属违反法定程序的认定,其理由是基于"考虑到公众利益及社会稳定问题"。在此,二审人民法院适用了利益衡量的方法,即二审人民法院对原告(本案中的上诉人)的合法利益与公众利益及社会公共利益(当然亦法所保护之利益)进行了衡量,衡量的结果是公众利益及社会公共利益优先于私人利益得以保护,从而否决了将"张贴"这一程序违法情形认定为违反法定程序,以避免因违反法定程序而导致违法行政行为被撤销。

2.影响人民法院"改变"对案件构成事实认定的可能性因素

在涉及对案件事实赋予法律效果时需适用利益衡量方法时,人民法院会习惯性地通过"改变"对案件构成事实的认定来实现所需要裁判目的。本书以为可能性的因素如下:

(1)法定程序内涵的不确定。这是一个根本性因素。如果法定程序的内涵清晰的让所有人一望而知,不存在任何置喙的空间,那么在事实构成要件的认定阶段也就不存在"判断"或"衡量"的可能。长时期以来的"法定程序"内涵的不确定,使得行政程序违法司法审查实践中缺失一个明晰的判断标准,这就为法官基于个案裁判的实际需要而运用司法裁量权创造了空间。我国司法实践中的程序瑕疵理论以及其于司法实践中的广泛运用即为最好的说明。

(2)行政程序违法司法审查实践中逐渐形成的法官"共识"。此为法定程序内涵不确定的衍生性因素。"如果有瑕疵的程序代表了原则性的程序价值,即使实体结果没有侵害行政相对人的实体权益,但出于保护程序价值的考虑,应当撤销该行政行为……程序瑕疵并没有给相对人造成权益损害,则不宜简单认定具体行政行为违反法定程序。"①

(3)利益衡量解释适用方法的"滥用"。此为行政审判中的现实性因素。"利益衡量方法,实际上是先有结论后找法律条文根据,以便使结论正当化或合理化,追求的是让法律条文为结

---

① 国家法官学院案例开发研究中心编:《中国法院 2016 年度案例·行政纠纷》,中国法制出版社 2016 年版,第 273 页。

论服务而不是从法律条文中引出结论。法院的最后判决依据的不是法律条文,而是利益衡量初步结论加找到的经过解释的法律条文。"①这一方法恰能满足"法院立足于充分发挥审判职能,创新开拓工作思路,积极有效地保障经济社会平稳健康发展"②的需要。其结果自然是:行政程序违法的司法审查标准自身根本就无用武之地;行政程序的独立价值不能得以充分的实现;行政相对人的合法权益得不到有效的保护。房屋征收部门未将房屋权属等调查登记结果进行公布,河南省郑州市中级人民法院却能判决"虽然存在程序瑕疵,但不足以撤销房屋征收决定"③。该判决经《中国青年报》报道后轰动全国,司法公信力严重受损,这不能不说是事出必然。

以上分析表明,利益衡量的解释适用方法在法律效果的赋予阶段与法律事实的认定阶段都能危及行政程序违法的司法审查标准能否被正确适用。如何才能保障行政程序违法的司法审查标准能被恰当的适用?

三、程序违法司法审查中抑制利益衡量"错用"的路径

行政诉讼中,如果我们不能有效地抑制司法权"错用"利益

---

① 梁上上:《利益的层次结构与利益衡量的展开——兼评加藤一郎的利益衡量论》,载《法学研究》2002 年第 1 期。
② 张娟:《论能动司法在我国行政审判中的展开》,载《江淮论坛》2012 年第 4 期。
③ 《中国青年报》2015 年 2 月 2 日第 04 版。

衡量方法的适用,那么行政程序违法司法审查的目的就有落空的可能,行政程序违法的司法审查标准也就显得可有可无。鉴于本书已经提出了行政程序违法的司法审查标准这个根本性的应对策略,本书下文将要讨论的是司法审查标准之外的能保障司法审查标准本身被恰当适用的应对策略。

（一）对新《行政诉讼法》第七十四条第一款与第二款的解读

1. 对相关条文的解读

新《行政诉讼法》第七十四条第一款的规定基本上吸收了《最高人民法院关于执行〈中华人民共和国行政诉讼法〉若干问题的解释》第五十八条的规定①。依其采用的判决形式在行政诉讼学理上被称之为情况判决②。立法上情况判决的创设正是为避免司法审查因严格遵循法律适用的形式逻辑而于"特殊"情形下产生法律效果赋予上的严重冲突。第一款的规定是纯正的在法律效果赋予的阶段适用利益衡量方法。第二款虽与第一款属于并列情形,从第二款规定的内容"行政程序轻

---

① 《最高人民法院关于执行〈中华人民共和国行政诉讼法〉若干问题的解释》第五十八条:被诉具体行政行为违法,但撤销该具体行政行为将会给国家利益或者公共利益造成重大损失的,人民法院应当作出确认被诉具体行政行为违法的判决,并责令被诉行政机关采取相应的补救措施;造成损害的,依法判决承担赔偿责任。

② 参见李元德:《日本行政诉讼事件中情况判决制度之研究》,辅仁大学法律学研究所硕士学位论文 1992 年,转引自蔡宜荟:《情况判决情度》,http://www.ntpu.edu.tw/law/paper.07/2000a/8971108A.PDF;全国人大常委会法制工作委员会行政法室编写:《〈中华人民共和国行政诉讼法〉解读与适用》,法律出版社 2015 年版,第 164 页。

微违法,但对原告权利不产生实际影响的"看,很难将之作为行政程序违法司法审查中的一个"纯粹"的在法律效果赋予阶段适用利益衡量方法的理解。那么第二款规定的到底是什么?

理解新《行政诉讼法》第七十四条第二款规定的立法上的含义的钥匙在该法的第七十条第三项之中①。新《行政诉讼法》第七十条第三项的规定依据本书前述观点是一个对行政程序违法赋予何种法律效果的概括性规定,即只要行政程序违法,原则上判决撤销。但是,立法基于行政效率与程序经济的考虑,故而作出第七十四条第二款的除外规定。"违反了法定程序,就属于行政行为违法,被诉行政行为应当被撤销。……同时,有些程序轻微违法,但对原告权利不产生实际影响的,如行政决定书送达迟了几天,也要考虑实际效果和行政成本。"②除外规定的核心是"行政程序轻微违法"。而且还为除外规定作了立法上的限制或者说提供了一个判断的标准,即"但对原告权利不产生实际影响的",也就是说,"虽属程序轻微违法但对原告权利产生实际影响的,都适用撤销判决。"③由此观之,新《行政诉讼法》第七十四条第二款不是一种"纯粹"的法律效果赋予上的利

---

① 第七十条 行政行为有下列情形之一的,人民法院判决撤销或者部分撤销,并可以判决被告重新作出行政行为:(一)主要证据不足的;(二)适用法律、法规错误的;(三)违反法定程序的;……。

② 全国人大常委会法制工作委员会行政法室编写:《〈中华人民共和国行政诉讼法〉解读与适用》,法律出版社 2015 年版,第 157 页。

③ 全国人大常委会法制工作委员会行政法室编写:《〈中华人民共和国行政诉讼法〉解读与适用》,法律出版社 2015 年版,第 157 页。

益衡量方法适用的规定,它同时包含着要求司法者再次"回头看"、对法律事实的认定的要求,即需要在已认定的"违反法定程序的"事实基础上,再次判断这一"违反法定程序的"是否属于"行政程序轻微违法的"事实情形。

基于上述分析,本书认为新《行政诉讼法》第七十四条第二款的规定一种具有"双重属性"的条款:在行政程序违法司法审查中,它既是规定法律效果赋予阶段适用利益衡量方法的条款,又是要求裁判者对行政程序违法事实再次进行认定的指示性条款。

2. 解读的目的

对新《行政诉讼法》第七十四条第一款与第二款进行解读的目的在于揭示出:

(1)两款规定的各自适用利益衡量方法的具体情形存在差异

新《行政诉讼法》第七十四条第一款与第二款所规定的皆为利益衡量方法的适用,但是两者各自具体情境中适用的"利益衡量"是存在差别的。在第一款的规定下,若因行政行为程序违法得可撤销,但撤销将会对因该行政行为引发的既已存在的国家利益、公共利益造成重大损害,则适用利益衡量方法,衡量的是特定私权与特定的公权谁优先保护的问题;在第二款的规定下,利益衡量方法的适用所衡量的是特定的程序独立价值与一般意义上的行政效率价值谁优先保护的问题。

对行政程序违法司法审查而言,实践中,利益衡量方法的适用既可能出现在第七十四条第一款规定的情形中,例如"张道文、陶仁等诉四川省简阳市人民政府侵犯客运人力三轮车经营权再审案"(最高人民法院88号指导案例),也可能出现在第七十四条第二款规定的情形中,例如"惠济区人民政府、惠济区国土资源局注销宅基地使用证一案"[(2009)郑行终字第220号]。

为保证利益衡量方法不被"错用",我们完全有必要在行政程序违法司法审查实践中,严格区分两种不同情形下的利益衡量,检视裁判理由,防止司法权借"利益衡量"整体性的道义上的大旗以实现其实际上并不公正的裁判目的,如前文所引的河南省郑州市中级人民法院行政判决:"虽然存在程序瑕疵,但不足以撤销房屋征收决定"。

(2)以"形式逻辑"审查行政程序不会产生"劣质"的判决效果

基于新《行政诉讼法》第七十四条第一款与第二款的规定,在最终赋予法律效果阶段需接受利益衡量方法的检校,这就从制度设置上保证了,通常情况下,行政程序违法司法审查过程中,人民法院严格遵循法律适用的形式逻辑,根本不会产生"劣质"的,即对国家利益、社会公共利益造成严重损害的判决结果。

(二) 在法律适用的"两阶段"分别抑制利益衡量的"错用"

前引"惠济区人民政府、惠济区国土资源局注销宅基地使用证一案""张道文、陶仁等诉四川省简阳市人民政府侵犯客运人力三轮车经营权再审案""唐国英诉扬州市环境保护局行政许可案""施有方、张士华诉江苏省泗县人民政府房屋征收补偿案"以及《中国青年报》报道的河南郑州市中级人民法院"虽然存在程序瑕疵,但不足以撤销房屋征收决定"的判决一再表明:行政程序违法司法审查中,利益衡量方法的适用,使得人民法院能够以高呼维护国家利益、社会公共利益的崇高"说辞",瞬间将行政程序违法的司法审查标准、程序的独立价值、私人合法权利锁进冰冷的铁箱。程序正义必须对之作出合理且有力的反应。笔者以为,最高人民法院88号指导案例所指引的审查路径甚为有效,即行政程序司法审查严格遵循法律适用的形式逻辑,在法律事实的认定阶段与法律效果的赋予阶段分别采取措施。为理解上的方便,笔者先讨论法律效果赋予阶段对利益衡量方法适用的限制,再讨论法律事实认定阶段对利益衡量方法适用的限制。

1.法律效果赋予阶段的应对措施

新《行政诉讼法》第七十四条第一款规定的情形中,利益衡量方法的适用对程序违法的司法审查标准与程序的独立价值的损害是最彻底的(行政程序重大明显违法例外),以致程序正义本身连还手的机会都没有。此种情形下如何制约司法权于利益衡量方法适用上的"恣意"?

有学者认为可从三个方向对利益衡量方法的"错用"进行某种程度的约束:第一,利益衡量中的国家利益或公共利益必须是"既成事实",即因该违法行政行为所产生的并为法律所保护的公共利益,且这种公共利益已经是一种事实存在,而不是将会存在;第二,严格限制对公共利益的宽泛解释,特别是公共利益不能被认为是可确定的多数人的私人利益;第三,以价值标准考量为先,法所保护的私人的基本人权优先保护。[1] 也有学者认为:利益衡量适用的同时应明确"补救措施"、适用案件类型上应加以限制、强化对国家利益或公共利益于本案中现实存在的说理。[2] 综合看,学者们对如何抑制司法审查实践中可能存在的利益衡量方法"错用"的应对措施,基本上都在围绕日本学者加藤一郎的建议而展开论证,即检验结论的妥当性、明确结论的适用范围以及增加结论的说服力。[3]

本书以为,基于新《行政诉讼法》第七十四条第一款与第二款的规定,完全阻止利益衡量方法的适用已经不现实,关键在于如何确保利益衡量方法能被恰当的适用,并应适当地对待因其适用而造成对私权利的损害,如此有效地抑制利益衡量方法于法律效果赋予阶段(最终的意义上)的"错用",这就要求利益衡量方法的适用需要满足以下四个方面的基本要求:第一,衡量所涉及的私权利益与国家利益、社会利益需为制定法所保护的利益,不为法所保护的利益不予考虑,这是利益衡量的第一个前提。第二,所欲保护的公共利益必须是因违法行政而引发的已

---

[1] 尹权、金松华:《情况判决的理论与现实反思及其完善》,载《政治与法律》2008年第3期。

[2] 金成波:《中国情境下的情况判决——经由案例的钩沉》,载《行政法学研究》2011年第1期。

[3] 参见段匡:《日本的民法解释学》,复旦大学出版社2005年版,第266页。

经现实存在的,且是不可逆的或可逆但代价明显过大,这是利益衡量适用的第二个前提条件。第三,判决所说明的理由须能为社会一般理性人所接受,即认为衡量的理由与衡量的结论是合理的,尤其是要明确对行政程序违法事实认定的结论,这是对利益衡量是否被妥当适用的判断标准,也是至关重要的。第四,对因利益衡量而使私权受到的损害,应对其进行公平的补偿。

2.法律事实认定阶段的应对措施

(1)明确法律事实认定过程中利益衡量适用的逻辑框架

新《行政诉讼法》第七十四条第二款的规定,是行政程序违法司法审查于案件事实认定阶段适用利益衡量的制定法上的根源。笔者已经指出,该条款既是规定法律效果赋予阶段适用利益衡量方法的条款,又是要求裁判者对行政程序违法事实进行再次认定的指示性条款。其中"行政程序轻微违法,但对原告权利不产生实际影响的"是对因程序违法可得撤销的一种限缩性规定。"法律经常借消极性的规定,限缩一项适用范围过广的法律效果。借此,原本包含于一项规范的构成要件之某部分,便排除于其适用范围之外。由是,唯有兼顾此限缩性规范,才能得到完全的法条。因此,只有审查案件事实可否划属于限制性规范的构成要件中,只有当案件事实可归属于前一规范的构成要件,并且不归属于限制性规范的构成要件时,前一规范的法律效果才能发生。"①当行政程序违法事实归属"行政程序轻微违

———————

① ［德］卡尔·拉伦茨:《法学方法论》,陈爱娥译,商务印书馆2003年版,第150页。

法,但对原告权利不产生实际影响的"时,即产生排除适用新《行政诉讼法》第七十条得撤销的规定。也就是说,"行政程序轻微违法,但对原告权利不产生实际影响的",不得撤销而仅对其判决确认违法。如此,新《行政诉讼法》第七十条可撤销之规定代表着行政程序的独立价值,代表着对私权利的维护;第七十四条第二款确认违法之判决代表着对行政效率价值、程序经济价值的维护。程序违法事实的归属前者的认定范畴或是归属后者认定的范畴,则为利益衡量。可见,程序违法事实的认定过程与利益衡量如影随形。

理论上,如果"行政程序轻微违法,但对原告权利不产生实际影响的"这一限缩性规定内涵明确,也就是说,如果法律事实的认定标准明确且毫无争议,则根本就不会产生法律事实认定上的判断问题,也就不会存在利益衡量的问题。但问题恰恰出在"行政程序轻微违法,但对原告权利不产生实际影响的"这一表述的内涵不确定,何谓"轻微违法",原告权利的范围包括哪些,都不确定,即程序违法事实的认定标准充斥着不确定。"必须先依据'须填补的'标准来判断案件事实的话,判断者于此就必须作价值判断了"①,"判断者于此必将事先考量法律效果"②,利益衡量由此而生。

(2)明确法律事实认定的法律上的标准

本书写作的一个重要目的就在于,为行政程序违法事实的

① [德]卡尔·拉伦茨:《法学方法论》,陈爱娥译,商务印书馆 2003 年版,第170页。

② [德]卡尔·拉伦茨:《法学方法论》,陈爱娥译,商务印书馆 2003 年版,第171页。

认定确立某些内涵相对明确的法律上的适用标准:程序权利标准、程序越权标准、正当程序权标准,如此,以尽可能地压缩程序违法事实认定过程中"判断"的空间,也即尽可能地压缩"利益衡量"的空间,从而最大限度地实现对行政程序独立价值的保护以及对当事人私权利的保护。依本书所提出的"法律上的"适用于程序违法事实认定的标准,行政程序违法司法审查中,判断或利益衡量仅在以下有限的空间存在:当有某种程序违法事实存在,如果该事实的实际效果不侵害行政相对人的程序权利(是指该程序性权利于该行为阶段所欲达成的实质性目的于法律上丧失,如没有告知或未为有效告知,法律赋予相对人获得告知的程序性权利所欲达到的目的在法律上就落空了),不侵害内部程序中"程序主体"的程序权力,不侵害行政相对人的正当程序权,也不侵害行政相对人的实体权利时,则该程序违法事实才被认定为"行政程序轻微违法,但对原告权利不产生实际影响的"范畴。

3. 明确程序违法事实的三种"事实范型"

事实范型是规范所规定的事实类型。① 一个完整的法律规范具有严密的逻辑结构,表现为一个法律后果的发生需要一个一定的构成要件。当构成要件所描绘的法律事实存在(或实现)时,相应的法律效果便因而发生。法律规范中的构成要件不可能对生活中的每一个客观事实进行详细描述,而只能是一

①　舒国滢、王夏昊、梁迎修等:《法学方法论问题研究》,中国政法大学出版社2007年版,第286页。

种"事实模型"。这种"事实模型"就是一种类别定义,"一方面把所有类似的事实都归入一类,与此同时把所有不相类似的事实都排除在外,并将每一个事实加以权衡,以确定其类似的程序。"①可见,事实范型是作为构成要件的一个类型化的存在。依据本书的观点,对行政程序违法事实的认定,是以对程序违法性的程度为基础,依次将行政程序违法事实划分为轻微违法、严重违法、重大明显违法三种事实范型,针对每一种事实范型赋予其不同的法律后果。行政程序违法事实的事实范型的归属,则需要结合法律上的事实范型归类的标准加以解决,这个标准即为本书所提出的行政程序违法的司法审查标准。

司法实践中,尽管对程序违法事实的认定确立了某些相对确定的标准,但是受制于生活语言对客观事实描述准确性的限制以及生活语言与法律用语内涵与外延不对等的限制等,法律上的对程序违法事实的认定标准依然需要适法者通过其自身的解释去将之"对号入座",适法者的价值判断仍旧难以完全排除。我们只能这样说:"在涉及价值判断时,我们对法律的论证说明就不能要求,它必须具备像数学或物理学那样的逻辑严谨性。"②

---

① [美]康芒斯:《资本主义的法律基础》,寿免成译,商务印书馆 2003 年版,第439—440 页。
② [德]卡尔·拉伦茨:《法学方法论》,陈爱娥译,商务印书馆 2003 年版,第174 页。

第五章
《行政诉讼法》修订后行政程序违法的司法审查

依据新法第53条的规定,规范性文件被纳入司法审查的范围。对规范性文件的合法性审查,既包括实体内容的合法性审查也包括制定程序的合法性审查。因此,行政程序违法司法审查的范围自然也就包括对规范性文件制定程序的合法性审查。重大行政决策由于其定性上的争议,或归属规范性文件或归属于行政行为,但无论其归属如何,都不影响人民法院对重大决策程序本身的合法性审查权。

本章依据行政程序合法性审查具体对象的不同,整体上将司法审查的行政程序划分为三种类别:行政行为程序、规范性文件制定程序与重大行政决策程序。之所以作这样的划分,既有遵循行政程序分类标准上的考虑,同时也为更加充分地兼顾重大行政决策程序的特殊性。

第一节　行政行为程序违法的司法审查

行政判决类型体系是建立在程序违法性程度的基础上，依据程序违法性程度的不同，而对程序违法行政行为采用不同的判决类型，从而实现保护相对人权益、监督行政机关依法行政的审查目的。"因为它是保障相对人合法权益、防止行政机关违法行政的必要条件。这种事先和事中保障手段比事后纠正的手段在一定程度上更为重要。"①行政程序制度价值集程序独立价值、工具价值、制度价值于一身。行政程序违法司法审查的使命就在于以维护和实现这些价值。就审查的思维过程而言，是以法律上的某种标准涵摄行政执法实践中行政程序制度功能实现程度的事实，从而确定相应法律后果的过程。因此，行政程序违法司法审查本身需要遵循一定的思维上的规律性路径。一般情形与特殊情形是为最基本的分类考虑。

一、一般情形下行政行为程序违法的审查

（一）"法律上"的裁判标准与后果

行政行为程序违法司法审查始终围绕程序违法性程度而展开。价值层面，程序违法性程度是为行政程序价值损害程度的标

---

① 江必新、邵长茂：《新行政诉讼法修改条文理解与适用》，中国法制出版社 2015 年版，第 263 页。

尺;法律层面,程序违法性程度与行政主体程序义务的违反程度对应,与相对人的程序权利实现程度成反向相对应;实践层面,程序违法程度与行政程序制度功能的实现程度成反向对应关系。

行政行为程序违法司法审查是法律层面与实践层面的互动,即以法律涵摄事实,从而得出法律上的定性结论。基于本书所提出并论证的"法律上"的标准为:程序权利标准、程序越权标准、补充性正当程序原则标准,因此,一般情形下,行政行为程序违法司法审查的路线可作如下表述:沿着程序违法性程度的方向,以"法律上"的程序权利标准与程序越权标准衡量行政行为的作出程序,目光往返于法律与事实之间。

当行政行为对程序规则的违反,不影响行政程序制度功能的实现,即不影响相对人的程序权利的实现且不影响行政系统内部其他主体程序上的权力实现时,则依新法第74条第一款第(二)项规定,"行政程序轻微违法,但对原告权利不产生实际影响的",判决确认违法。

当行政行为对程序规则的违反,致使行政程序制度功能不能实现,即相对人的程序权利不能实现或行政系统内部其他行政主体程序上的权力不能实现时,则依据新法第74条规定,"违反法定程序",判决撤销。

当行政主体作出对相对人不利行政行为,虽因制定法上无相应程序规定但因未遵守最低程序义务时,则适用正当程序原则标准,判决撤销。

当行政行为对程序规则的违反符合新法第75条规定的"重

大且明显违法情形之一时"，即本书所提出的三种重大且明显违法情形之一时，判决确认无效。

当行政行为程序违法判决撤销的同时，并符合新法第74条第一款第(一)项规定时，则适用该规定，判决确认违法，同时适用新法第76条规定，"人民法院判决确认违法或者无效的，可以同时判决责令被告采取补救措施；给原告造成损失的，依法判决被告承担赔偿责任。"

当行政行为程序违法判决撤销，并符合新法第74条第二款第(一)项规定，"行政行为违法，但不具有可撤销内容的"，判决确认违法，同时适用新法第76条规定。

上述一般情形，是将行政程序违法司法审查置于一种相对独立的环境中考虑。实践中，行政行为程序违法的司法审查只是被诉行政行为合法性审查的一个方面，它还包括新法第70条规定的另外5个实体方面的合法性审查。因此，程序审查与实体审查竞合而成的最终结果要视具体情况而定。

（二）司法审查中行政程序制度功能实现程度的认定

在本书已给定"法律上"的审查标准的情形下，行政程序违法司法审查中的难题已不是审查标准本身问题，而是司法实践中行政程序制度功能实现与否于法律上的认定问题，即对具体行政程序制度功能实现程度的事实认定。

1.认定的思维过程

无论程序权利标准，还是程序越权标准，又或是补充性的正当程序原则标准的运用过程,都是以法律规范的标准去涵摄实践事实的过程。我们说程序权利、程序越权、正当程序原则都是站在法律的角度去抽象地讨论问题。而行政程序违法司法审查实践中,真正富有挑战性的活动并非抽象的讨论,而是以"法律规范中的事实"去涵摄实践中的事实,即以法律规范中构成程序权利的规则或程序上的权力规则或正当程序原则去涵摄实践中程序制度功能实现与否的事实,从而形成一个司法审查上定性的事实,解决实践中的程序制度功能实现程度事实是否满足了法律规范上的事实所要求的疑问。"在判断案件事实是否符合法条的构成要件时,判断者要作各种不同种类的断定。即使坚认,将特定案件事实归属某一规范的构成要件,其始终是属于逻辑推论中的'涵摄'之人,也必须承认,这种涵摄是以一些单纯的(即:不能再通过推论来求得的)判断(=断定)为前提,这些判断指出,规范构成要件中的某些要素存在于此。"①

2. 认定的对象——具体行政程序制度的功能实现程度

本书在讨论行政程序制度功能的实现时就已明确指出,行政程序制度功能的实现在实践中是指具体的某一行政程序制度功能的实现。法律上的程序规则是以行政行为的方式(形式)、步骤、顺序、时限构成,实践中就表现为程序关系主体依据法律所设定的方式(形式)、步骤、顺序、时限规则来完成这个过程。在不考虑相对人的情形下,行政主体完全遵守法律上的程序规

---

① [德]卡尔·拉伦茨:《法学方法论》,陈爱娥译,商务印书馆2003年版,第165页。

则的要求,即履行其行政程序上的义务,就不会产生程序违法。唯当行政主体未能依据法律上的程序规则履行其程序义务,也就是对方式(形式)、步骤、顺序或时限中最少是其中之一违反时,行政行为程序违法随之产生。我们对这种程序上的违反作何种法律上的具体定性? 如果不是坚持绝对的形式法治,孤立地讨论其中任何一个要素都有可能使得法律上的定性产生偏差。"认为有什么绝对的、立即明白的事实,这是典型的外行人的看法。"①这就是为什么司法实践中,不同的法院对相同的程序违法情形作出不同的法律上的定性的原因。为了尽可能地减少这种定性上的主观"随意性",我们需要一个相对稳定的、准确的定性路径。这就是本书主张的:实践中,以具体程序制度功能的实现程度为行政程序违法性程度的定性基础。

任何一条程序规则都有其归属的某一具体的行政程序制度,对任何一条程序规则的违反,也就是对某一具体程序制度构成规则的违反,必将对该具体程序制度功能的实现产生某种程度上的影响。因此,当我们坚持以具体程序制度功能的实现程度作为对行政主体违反程序规则定性的基础时,相对确定性才会有了可实践检验的参照标准。如此,在具体程序制度功能的实现过程中,考虑行政主体对行为方式(形式)、或行为步骤、或行为顺序、或行为期限的违反,也就具有了事实认定与法律定性的双重意义。例如,在"江苏金达新能源发展有限公司与沭阳

---

① 凯尔森:《法与国家的一般理论》,沈宗灵译,中国大百科全书出版社 1996 年版,第154页。

县人力资源和社会保障局工伤确认案"①中,二审法院认为:"虽然被上诉人提供的对原审第三人及杨桂花的调查询问笔录中只记录了一名执法人员的执法证号,但该调查取证是在被上诉人单位的办公场所进行的。客观上,上诉人知晓调查人员系被上诉人的工作人员,而且调查询问笔录中也明确记载了两名以上工作人员姓名,符合调查取证的相关规定,但参与人员没有全部出具执法证件存在程序轻微瑕疵,应在以后的工作中予以纠正。"本案中的出具执法证件规则与记录规则归属于调查程序中表明身份制度的构成规则,对应的是相对人知情的权利。记录遗漏属于程序违法无疑,但是否达到表明身份制度功能不能发挥的程度,孤立情形下无法判断。结合本案中参与人员没有全部出具执法证件,这就可以明晰地得出结论:就表明身份制度所要追求的程序价值而言,该制度的程序价值已完全落空。法律设置表明身份制度对相对人而言,是赋予相对人以知情的权利,从而使得相对人以此程序上的权利来"对抗"执法人员的违法执法行为。执法证件对工作人员而言,代表着执法人员的执法资格,没有出具执法证件,意味着工作人员没有法律上的执法权限。因此,本案中,相对人有权拒绝没有出具执法证件的工作人员的调查。又如"在凤台县人民政府诉吴喜元等39人土地征收案"中,②一审和二审法院均认为,征地方案获批后,被告虽

---

① (2014)宿行终字第00052号。
② (2015)淮行终字第00020号。

然履行了公告的法定职责,但因其未能提供有效证据证明其在法定时限内已进行公告,应当认定其公告程序轻微违法,鉴于原告已知晓公告内容并提起诉讼,重新公告没有实际意义,因此判决确认被告凤台县人民政府发布(2014)第5号《凤台县人民政府征收土地公告》行为违法。本案中的公告程序对相对人而言意义重大,直接关系到相对人的知情权。公告行为是为公告程序的步骤,对此步骤程序规则的违反,直接导致公告程序制度功能的丧失,相对人的程序权利不能实现,公告制度的程序价值落空。再如,"沈有如与浙江省湖州市公安局吴兴区分局行政处罚案"①中,法院认为,需经内部上级审批方可延期而未报经审批属程序上的瑕疵,不影响行政处罚行为的合法性。该案中,未经审批致使审批程序制度的功能无从实现,审批程序制度所追求的内部管理秩序价值与权力制约价值完全丧失。

司法实践案例表明,司法实践中存在严重的脱离对具体制度功能实现程度的事实认定而对程序违法性程度进行法律上的定性。正是由于对程序违法的法律定性失去了具体程序制度功能实现程度这个可资验证的定性基础,所以才会使得司法实践中"裁量性"定性乱象丛生。行政审判备受诟病。

3.行政程序制度功能实现程度的法律认定标准

具体行政程序制度功能实现程度的认定在司法审查中属于

———————————
① (2014)湖德行初字第22号。

对裁判事实的认定。一般情形下,某一具体行政程序制度的功能是否遵循法律规定得以真实的实现,判断上不会产生分歧,但是在说明理由程序中自会产生分歧的可能。告知相对人行政行为作出的理由需要达到什么程度,行政主体于行政程序中的说明理由义务才算达到法律所要求的程度? 对这一问题于司法审查中的定性,最为成熟的理论莫过于美国司法审查中的事实认定标准理论。

(1)美国司法审查中事实认定标准

一般认为,美国司法审查中对事实的认定标准有3个,分别为:实质性证据标准;蛮横、任性适用裁量权标准;重新审查标准。①

对行政机关作出行政行为所依据之事实,由法院重新审理,会产生司法干预行政的严重嫌疑且也严重影响行政效率,所以重新审查标准在今天的美国司法审查中几乎被法院"弃之不用"。

根据APA第706条的规定,蛮横、任性适用裁量权标准(arbitrary and capricious standard)适用于针对非正式程序裁决的司法审查;实质性证据标准适用于针对正式程序裁决的司法审查,正式程序裁决是指行政机关通过审判型的正式听证,对具体事件作出决定的行为。

蛮横、任性适用裁量权标准是一个对行政机关于事实认

---

① 参见王名扬:《美国行政法》,中国法制出版社1995年版,第681—695页。

定上相对宽松的司法审查标准。很长一段时间里，法院仅要求行政机关在其裁决事实认定结论上存在"最低合理性"（minimum rationality）。也就是说，即使行政机关所作的决定并不具有充分的理由，但只要存在"最低合理性"，法院就会对行政机关的决定予以支持。① 但是 1970 年的波士顿电视公司诉联邦通讯委员会案"修正"了 APA 第 706 条的规定。在该案的判决中，法院认为："法院的职能在于监督确认行政机关是否对案件中所有的重要事实和争议点都给予了关注。为了实现这一职能，法院必须坚决要求行政机关对其所作决定作出清楚合理的阐释……基于这样的监督职能，如果法院发现行政机关在某些重大问题上没有进行细致入微的审查，在这种情况下，法院有权干预行政机关的决定。"该案的影响是，20 世纪 70 年代以后，为了更为有效地平衡日益扩大的行政权力，美国法院在非正式程序裁决相关的案件中引入"细致入微审查原则"，要求行政机关对其具体决定（包括事实认定结论）作出解释，并仅认可记录在案且得到证据有效支持的结论。② "行政行为不能逃避'完全、彻底、深入'的司法审查"③，以提高对行政机关事实认定结论于合理性上的要求。这一时

---

① See Wright,The Courts and the Rulemaking Process;The Limits of Judicial Review, 59 Cornell.L Rev.375,391(1974).

② See National Lime Assn v.EPA,627 F.2d 416,431(D.C.Cir.1980);City of Chicago v.Federal Power Comm'n,458 F.2d 731,741-745(1971);Recording Indus. Assnv. Copyright Royalty Tribunal,662 F.2d 1,8(1981);Weyerhaeuser Co.v.Costle,590 F.2d1011,1027 (1978);Public Citizen v.Steed,733 F.2d 93,103-105(1984).

③ Citizens to Preserve Overtorr Park;Volpe.401 L.S.402.415.417(1971).

期,美国国会也陆续出台大量法律,并在其中明确规定实质性证据标准适用于非正式程序裁决。① 但是,APA 并没有对非正式程序裁决的全部记录作出具体规定。对于行政记录的内容具体指什么? 学者根据 1971 年奥夫顿公园案判决作出以下解释:"从判决的宗旨来看,行政机关应当提供足够的文件,使法院能够作出判断。因此行政记录不受正式程序裁决的记录范围的限制……只要对行政机关的决定有影响,都可以作为行政记录。"②

实质性证据的关键性内涵之一是"可以为一个合理的人所接受"。1983 年"汽车安全标准案"(汽车工业协会诉国农汽车互保公司案)中,联邦最高法院指出:"根据专断、反复无常标准,司法审查的范围是狭窄的,法院不能用自己的判断取代行政机关的判断。但是,行政机关必须考虑相关数据并对其行为作出令人满意的解释(a satisfactory explanation),包括认定的事实和所作选择之间是否存在合理关联。在审查这种解释时,我们必须审查行政决定是否建立在考虑相关因素的基础上,以及是否存在明显的判断错误。通常,如果行政机关根据国会无意使之考虑的因素,完全没有考虑问题的重要方面,对其决定提供的解释与有关的证据完全相左,或者行政决定如此令人难以置信以至于不能归结为行政专家观点,那么,这样的行政行为就属于

---

① See Matthew J.McGrath:Convergence of the Substantial Evidence and Arbitrary and Capricious Standards of Review during Informal Rulemaking, 54 Geo. Wash. I. Rev. 541, 543 (1986).

② 参见王名扬:《美国行政法》,中国法制出版社 1995 年版,第 725 页。

专断和反复无常。"①这表明,法院在适用实质性证据标准时所关注的是行政机关事实认定结论的合理性而不是其准确性。美国行政法学者查尔斯·科克(Charles H.Koch)就曾指出:实质性证据标准是一个对事实认定合理性的审查标准,它并不要求法院一定要找到那个唯一的"准确答案",甚至也不要求法院去判断行政机关所得出的结论离那个"准确答案"有多远。它只是法院判断行政机关得出的结论是否很有可能是正确的标准。②

实质性证据标准和蛮横、任性适用裁量权标准的上述"融合"并非是二者"融合成了一个新的法律上的事实认定标准,而是后者由于内涵的改变,对行政机关事实认定合理性要求趋近甚至等同于前者,因而融入前者"③。因此,最近也有学者把这种融合后的对案件事实的审查标准称之为"严格检视"的审查(hard look review)④。

事实上,"融合"只是将实质性证据审查标准适用于非正式程序作出的行政决定,对事实的审查标准而言,称不上一个新的审查标准。APA 第 706 条规定,实质性证据审查标准的适用,是针对正式程序的司法审查,所以,正式程序中的实质性证

---

① See Motor Vehicle Manufacturers A. s. sociatiorr. State h'arna Mutual Automobile lrrsurarrce Co,463 L.S.29(1983).

② See Charles H.Koch,Administrative Law and Practice,Chapter 9.System for Allocating Decisionmaking(2011).

③ 凌洋:《行政机关事实认定的司法审查标准——以美国实质性证据标准为视角》,载《宪政与行政法治评论》第六卷,第 256 页。

④ 刘东亮:《过程性审查:行政行为司法审查方法研究》,载《中国法学》2018 年第 5 期。

据标准是与正式听证制度、案卷排他性原则密切关联,互为一体。这却是非正式程序中适用实质性证据标准所根本不具备的。然"自从1971年最高法院在奥弗森公园案的判决中,要求对非正式的决定的审查也要凭行政记录后,这种区别事实上已不存在。由于法院要求以行政记录作为审查基础的结果,国会在很多机关的组织法中,规定非正式程序的决定必须具备某些记录,并且按实质性证据标准审查。"①可见,当将实质性证据标准适用于对于非正式程序的审查后,实质性证据标准和蛮横、任性适用裁量权标准融合,"作用实际相同,是一个标准,哥伦比亚特区上诉法院在一个判决中说,这两个标准在审查事实裁定时的区别,只是词义上的不同,没有实质上的不同。"②

（2）实质性证据标准对行政程序制度功能实现程度认定的借鉴

美国司法审查中的实质性证据标准,对我们于实践中如何认定"告知理由制度"或者说明理由制度功能的实现程度有重要的借鉴意义。要想避免我国行政执法实践中,行政主体对此项程序义务的"实质性"回避或违反,就必须在行政程序违法司法审查中,借鉴美国司法审查中实质性证据标准中的两个重要原则:第一,审查行政机关说明理由的形式记录也即说明理由的告知书,仅以告知书中的理由为行政决定作出的"关键性"的依据;第二,说明理由的合理性程度采用,"可以为一个合理的人

---

① 工名扬:《美国行政法》,中国法制出版社1995年版,第687页。
② 王名扬:《美国行政法》,中国法制出版社1995年版,第687页。

所接受"的标准。实质性证据标准将程序违法司法审查的触角推进到行政决定作出的法律推理过程,"说明理由"不仅在于是否"说",更在于"说"的内容是否符合法定的推理逻辑的要求。如此,行政行为程序违法的司法审查理应能够有效地限制行政主体告知理由或是说明理由的"恣意",同时还能在一定程度上平衡行政对于效率性的追求。

以实质性证据标准作为行政行为程序中涉及说明理由制度功能的事实认定标准是为常态情形,但亦有例外情形。当有关法律明文规定于正式听证程序中适用案卷排他性原则时,则依有关法律规定的程序规则对事实进行认定。因为适用案卷排他性原则的实质性证据标准是一个更为严厉的行政程序制度功能实现程度的认定标准。我国现行法中也有案卷排他原则的规定,例如我国《行政许可法》第48条第(五)项的规定。当然,并非只要法律规定行政行为程序采用正式听证程序的,就必然同时适用案卷排他性原则,我国《行政处罚法》第42条、第43条所规定的正式听证程序中就未规定适用案卷排他性原则。

以行政行为程序违法性程度为基础,立足于具体程序制度功能实现程度的事实认定,衡量之以"法律"上的程序权利标准、程序越权标准、补充性正当程序原则,审查程序违法行政行为,既审查外部程序也审查内部程序,行政行为程序合法性审查的目的方能得以更好的实现。

二、特殊情形的审查——对期限规则违反的法律后果

行政行为违反期限规定于行政诉讼中应该产生怎样的法律后果？在不履职诉讼中，行政机关违反期限规定于诉讼上的法律效果几乎是可预期的——履职判决。但是，对已作成行政行为违反法定期限处以怎样的诉讼上的法律效果才为"正当"，却是一个足以让任何一位中国行政法学者或者行政庭的法官倍感"劳心"的难题。笔者认为，行政程序违法司法审查中对这一问题的适当回答，根本上取决于我们对立法者设置期限制度所内含的价值追求的正确解答。

（一）期限制度的法律价值

1. 期限及其制定法上规定的种类

期限包括期间和期日，是行政程序法律对行政权力运行所作的时间上的要求与限制。期限作为行政程序的一个构成要素，有学者称之为时效[1]。就司法审查的角度而言，"期限当然是指行政行为的期限，而不是指当事人（相对人和其他利害关系人）的行为期限。"[2]

---

[1]　胡建淼主编：《行政违法问题探究》，法律出版社2000年版，第388页。
[2]　应松年、杨小君：《法定行政程序实证研究》，国家行政学院出版社2005年版，第224页。

我国制定法上对行政行为期限的规定有 3 种情形:第一种,制定法明确规定行政为期限以及期限的法律效果。例如,《行政处罚法》第 29 条规定:"违法行为在两年内未被发现的,不再给予行政处罚。"作类似规定的还有《治安管理处罚法》的第 22 条规定、《税收征收管理法》的第 52 条规定等。这种期限规定的总的特征是:如果行政机关未在一定期限内行使相应的行政权力,则会产生"失权"的法定效果,如果行政机关违反法律规定,行使行政权力,则构成超越职权。第二种,制定法只规定了行政行为必须于法定期限内行使,但并未规定超越法定期限,则会产生何等法律效果。这种情形是最为常见的。例如《行政复议法》第 31 条规定:"行政复议机关应当自受理复议申请之日起六十日内作出行政复议决定";《治安管理处罚法》第 99 条规定:"公安机关办理治安案件的期限,自受理之日起不得超过三十日;案情重大、复杂的,经上一级公安机关批准,可以延长三十日。"制定法上作类似规定的还有《工伤认定办法》第 18 条、《行政许可法》第 42 条等。这类法定期限规定的特点是,法律没有明确对其违反的法定后果。第三种,制定法对期限只作模糊的规定,更无所谓对其违反法定后果的规定。例如,《治安管理处罚法》第 83 条规定:"公安机关应当及时将传唤的原因和处所通知被传唤人家属。"同法第 97 条规定:"公安机关应当向被处罚人宣告治安管理处罚决定书,并当场交付被处罚人;无法当场向被处罚人宣告的,应当在二日内送达被处罚人。决定给予行政拘留处罚的,应当及时通知被处罚人的家属。"

2. 制定法有关期限规定的价值追求

对于制定上基于何种价值追求而作行政行为期限规定,不同的学者有不同的解释。有学者认为,"效率永远不能作为行政程序法的价值,行政程序法关于时效的规定也只是公正要求下的应有之义。因此,行政程序法规定的简易程序、紧急程序等只是基于公正的时效性而作出的应对性规定,所谓'迟来的正义不是正义'其实就形象地说明了其追求的价值是正义,而不是效率,效率在这里无非是检验正义的一项衡量或评价指标,并不具有独立的意义。"①另有学者认为:"所有的法律在规范行政行为的时候,都要求行政机关不拖延地实施行政行为,要本着效率和尊重权利的原则来妥善处理行政事务,这是肯定的。"在其后的论证中,该学者进一步指出,"立法规定行政行为期限的意义何在? 有为了提高行政效率,也有为了公平对待各方当事人,还有维护行政秩序的需要,或是为保护当事人的权利,等等。"②

从上述学者的论述中可以看出,期限规定中是否含有立法者对行政效率价值的追求,不同观点之间存在着根本性的分歧。但是,在期限有利于当事人权利保护这一点上,似乎有着共同的理解。就本书写作的观点看,行政程序制度的主旨在于限制行政权的恣意行使,因此,立法者在构建行政程序制度时,其优先的价值目标是程序当事人的权利保护。这一点还可以从行政程

---

① 周安平:《行政程序法的价值、原则与口标模式》,载《比较法研究》2004 年第 2 期。

② 应松年、杨小君:《法定行政程序实证研究》,国家行政学院出版社 2005 年版,第 220、227 页。

序制度功能实现的保障机制——法权模式中得到印证。所以，笔者倾向认为，制定法上的期限制度本意在保护程序当事人的权利，行政效率价值追求或是行政秩序价值的追求唯有通过法权模式的运行才能够得以实现。本书的这一观点，还能从下文司法实践中行政审判的逻辑上得到进一步的证明。

（二）违反非"失权"期限的法律后果

行政行为违反法定期限应该产生怎样的诉讼法上的后果？第一种"失权"情形，对应着行政诉讼法上的超越职权，通常判决撤销，故无讨论之必要。第三种情形实际上依附于第二种情形。所以，行政诉讼上应当如何处理第二种情形的期限违法，情况才较为复杂。

1. 司法实践的立场

司法实践中，针对第二种情形的期限违法，人民法院总的思路是分类处理：

第一类，当行政机关违反期限后仍不作为的，相对人提起诉讼。如果行政机关履行法定职责仍有必要，则于确认违法的前提下，采用履职判决，此诉讼类型即为通常所称的履职之诉；如果行政机关履行其义务已无实际意义，则判决确认违法，造成相对人权利损害的，适用国家赔偿法。

第二类，已作成行为违反期限，侵害相对人实体利益的，相对人提起诉讼，如果侵害行为效力继续存在的，判决撤销，同时适用国家赔偿法，例如超期扣押的，诉讼期间，扣押行为效力继续存在;如果侵害行为效力已经解除的,则于确认违法判决的基础上,适用国家赔偿法。

第三类,已作成行政行为违反法定期限,但并未对当事人实体权益造成损害的,旧法实施过程中最为常见的即归属"程序瑕疵";新法实施后则归属"行政行为轻微违法,但对原告权利不产生实际影响的",判决确认违法。例如,"浙江德盈电气制造有限公司诉慈溪市人力资源和社会保障局案"中,①法院认为,因被告未按行政法规、规章规定的期限送达认定工伤决定书,程序上存在轻微违法,但对原告权利不产生实际影响,故依法应对被告的行政行为确认违法。又如,"张秀英与北京市公安局房山分局治安处罚上诉案"中,②一审和二审法院均认为,房山公安分局办案超过法定时限,存在程序瑕疵,但张秀英并未因此丧失救济权利,故此程序瑕疵不足以成为撤销被诉处罚决定的充足理由。因此,二审法院判决确认北京市公安局房山分局作出的该《行政处罚决定书》违法。再如,"杨大胜诉东海县公安局处罚案"中,③人民法院认为,"原告及其家人与他人互殴,致人伤害的违法事实客观存在,不能因被告东海县公安局办案期限的拖延,就免除原告对其违法行为应承担的责任。"因此,确认被告作出的该《行政处罚决定书》程序违法,但不予撤销。

---

① (2015)甬慈行初字第 27 号。
② (2015)二中行终字第 694 号。
③ (2015)海行初字第 00114 号。

2. 对司法实践立场的质疑

期限作为行政程序的构成要素之一,对期限制度的违反,自然属于对行政程序价值的损害。换句话说,行政行为违反期限规定,则意味着立法者构建期限制度所欲追求的制度价值落空。前文的论述已经指出,行政程序价值的实现依赖于实践中行政程序制度功能的实现程度。而行政程序制度功能实现的担保机制则为法权模式。期限制度作为行政程序制度的一种,其制度功能的实现同样脱离不开法权模式的担保,否则,期限制度的价值就不可能得到可期待的实现。期限规则中立法者是否赋予相对人以程序性权利? 如果是,这是一种什么权利?

当我们这样去理解期限规则,期限规则中立法者赋予了相对人一种期限上的请求权,即相对人有权要求行政机关于法律规定的期限内履行其法定义务。依此理解,当行政机关违反期限规定,即损害了相对人的期限请求权,依据程序违法性程度,理应判决撤销,这与司法实践中第一类、第二类情形将会产生完全一致的判决结论。不同的,唯有存在于第三类情形中,即已作成行政行为违反法定期限,但并未对当事人实体权益造成损害的情形。学理上与司法实践中之所以不主张判决撤销的理由在于:在非处罚类行政中,如行政复议、工伤认定、行政许可等,因期限违法而判决撤销,能给相对人带来什么利益? 一个迟来的复议决定,一个迟来的工伤认定,一个迟来的行政许可,撤销后重作,岂不更加迟来! 这理由貌似有理,实际上是否决了相对人作为一个理性人对其自身利益的理性判断。相对人为什么会提起诉讼？这背后,相对人一定有着自己的理性考虑。尤其是新法增加确认违法判决后,相对人更不会任性到追求一个有损自己利益的撤销判决。期限请求权是否导致行政审判中必然适用撤销判决？程序权利作为相对人的一种权利,相对人于诉讼中完全可以放弃因这种权利而形成的抗辩权,只要这种放弃不损害国家利益与公共利益,这与人民法院合法性审查原则不会产生根本性冲突。结论只可能是,因这种程序权利而产生的监督权却能得以牢牢地掌握在相对人手中,时时提醒着行政机关依法办事。在处罚类行政中,期限请求权对相对人而言意义重大。相对人对这一程序权利的行使,将会使得行政机关因其违反期限规定而不能对相对人基于相同的事实和理由再次行使行政处罚权。

综上所述,赋予当事人于程序法上的期限请求权,不仅不会产生行政程序上的空转,避免"潘龙泉诉新沂市公安局治安行政处罚案"①的重演,而且还能在相当程度上改变行政机关的办事作风。如此,立法者设立期限制度的价值追求也才能得以真正实现。

第二节 规范性文件制定程序违法的司法审查

新法第 53 条、第 64 条对规范性文件的合法性审查作了原

---

① （2007）新行初字第 11 号。

则性的规定。规范性文件制定程序的司法审查作为规范性文件合法性审查中的一个方面,其所能实现的审查效果,势必受制于规范性文件合法性审查整体机制的运行。因此,本节先从整体上把握制定法上规范性文件合法性审查的运行机理,再对规范性文件制定程序司法审查本身展开论述。

一、关联问题

(一) 审查目的

新法增加对规范性文件合法性审查所欲实现的目的是什么?

新法第 1 条规定:"为保证人民法院公正、及时审理行政案件,解决行政争议,保护公民、法人和其他组织的合法权益,监督行政机关依法行使职权,根据宪法,制定本法。"根据此条规定,有学者将我国行政诉讼法的立法目的归纳为三个方面:第一,为人民法院公正、及时审理行政案件提供制度保障;第二,保护当事人合法权益;第三,监督行政机关依法行使职权。① 对规范性文件进行合法性审查的目的自应包含于行政诉讼法立法目的之内。其中尤为重要的是保护当事人合法权益与监督行政机关依法行使职权。问题在于,就规范性文件的合法性审查而言,它与一般的对行政行为的合法性审查,在目的重心上是完全一致还

① 全国人大常委会法制工作委员会行政法室编:《中华人民共和国行政诉讼法解读与适用》,法律出版社 2015 年版,第 4—5 页。

是有其特别的偏向。对此"准确"的理解,必将对规范性文件制定程序司法审查的强度产生直接的影响。

有学者认为新法之所以增加对规范性文件的合法性审查,其主要原因为:(1)规范性文件与行政行为的关系密切。实践中,不少规范性文件是行政行为的依据,要纠正违法行政行为,就必须正本清源,从源头开始。(2)规范性文件适用的范围广泛且涉及对象多,一旦违法危害更大。(3)现行制度中对规范性文件的监督机制虽然存在,但是作用有限,因此,规范性文件侵犯公民、法人和其他组织的合法权益的现象大量存在。①"为从根本上减少违法行政行为,可以由法院在审查行政行为时应公民、法人或其他组织的申请对规章以外的规范性文件进行附带性审查。"②以杜绝"有些行政机关将可诉行政行为伪装成抽象行政行为的形式以规避司法审查与监督。"③

学者们的见解,是否意在表达着这样的一种共识:对规范性文件的合法性审查,虽然最终的目的在于保护公民、法人和其他组织的权益,但就规范性文件合法性审查自身而言,更重在监督行政机关依法行使行政权力,以减少根源违法。事实上,这种共识是极为明显的。法理与现实都表明,行政机关对制定规范性文件权力的滥用是造成公民、法人和其他组织的权益受侵犯的

---

① 江必新、邵长茂:《新行政诉讼法修改条文理解与适用》,中国法制出版社 2015 年版,第 194 页。

② 全国人大常委会法制工作委员会行政法室编:《中华人民共和国行政诉讼法解读与适用》,法律出版社 2015 年版,第 144 页。

③ 赵雪燕:《新行政诉讼法及司法解释案例精解》,人民法院出版社 2015 年版,第 22 页。

根源,合乎逻辑的措施,当然是将行政机关制定规范性文件的权力纳入司法审查监督的范围,唯有如此,才有可能实现从根源上减少违法行政行为的几率。

因此,行政程序违法司法审查中,人民法院对规范性文件制定程序的司法审查强度,势必区别于对一般行政行为程序合法性审查的强度,从而实现对规范性文件制定程序合法性审查的目的。

(二) 审查对象

新法第53条的规定,形式上明确划定了纳入司法审查的规范性文件的范围:"公民、法人或者其他组织认为行政行为所依据的国务院部门和地方人民政府及其部门制定的规范性文件不合法",但"前款规定的规范性文件不含规章"。从制定主体的角度看,人民法院可以通过对国务院部门和地方人民政府及其部门作扩大性解释,以将法律法规授权组织、其他行使公共事务管理职能的组织涵盖进来,这在我国行政诉讼司法实践中早有先例,所以不是问题。故在理论上,新法第53条的规定似乎不会产生什么遗漏情形。然而实际情况却并非如此,因为我国法律对规范性文件的制定程序与行政行为的程序是分开规定的。行政行为程序一般都与特定实体行政行为"捆绑"规定于行政行为法中,例如《行政处罚法》《行政许可法》,全国统一适用;规范性文件的制定程序在国家层面上就没有统一的法律规定法,而由各地方自行规定,法律形式呈现为地方性法规或为地方政府规章。所以就有了本书第一章所呈现出的,内容上制定程序各异,制定主体范围上各有千秋。如此,势必使得司法审查实践中,人民法院面临着司法审查形式依据上的难题。

另外,尽管行政诉讼法可以基于其较高的层级效力,于理论上轻松地将所有符合新法第53条规定的规范性文件都纳入合法性审查的范围,可是对那些根据地方性法规或地方规章规定不属于规范性文件范围的"规范性文件",如何进行程序上的合法性审查,便会成为司法审查实践中的棘手问题。因为,根据地方性法规或地方性政府规章的规定,它们本身并不具备于制定程序上受规制的"资格",故而享受不受规制的"特权"。

规范性文件制定程序于地域上的巨大差异性特点,决定了对规范性文件制定程序的司法审查理应遵守一些最基本的制定程序上的"底线",以符合程序法治与程序正义的最低要求。

(三) 审查模式

考察当今世界各主要国家有关法规、命令于司法审查中的审查模式,总的来说有两种:一种为直接审查模式,当事人认为法规、命令违法的,可以直接向有管辖权的法院起诉审查;另一种方式为附带审查模式,当事人仅可以于具体诉讼案件中一并提起对法规、命令的合法性审查请求。

采用直接审查模式的代表性国家为法国,"利害关系人认为条例违法的,可在条例公布后的2个月内向行政法院提起越权之诉,请求撤销不合法的条例。"①但是,法国同样允许利害关系人于具体诉讼中提出审查请求。区别在于效果。法国行政法学者让-马克·索维(Jean-Mare SAUVE)从规范性行政行为的角度对直接审查与附带审查的两者之间的不同法律效果作了界定:直接审查模式,审查可能直接导致被诉规范性行政行为无效,并溯及既往的无效。"在受理案件后,法官可能宣布撤销受诉规范性行政行为,这就意味着该行为从法律规范体系中以具有追溯力的方式消失,它被认为自始不存在,大多数适用该条例作出的行为也因依据违法而违法。"②附带审查模式中,被诉规范性文件只是作为本案的一种抗辩手段,并且仅对本案有约束力。"在这种情况下,他们质疑的不再是规范性行政行为本身,而是其对自身的适用。诉讼的标的是适用该合法性受到质疑的条例而作出的具体行政行为。事实上,行政相对人只是在针对该具体措施的诉讼中向法官提出一项违法抗辩事由而已,这样做的目的是说服法官接受'条例违法,不能适用违法条例作出具体行政行为'的观点。如果法官接受这种推理,就会以附带审查方式宣布该条例违法,排除其在案件审理中的适用并撤销依据其作出的受诉具体行政行为。"③采用附带审查的代表性国家为德国,"因法律规范及其适用而遭受权利侵害或者可预期

---

① 王名扬:《法国行政法》,北京大学出版社 2007 年版,第 118 页。
② [法]让-马克·索维(Jean-Mare SAUVE):《法国行政法官对规范性行政行为的合法性审查》,张莉译,载《比较法研究》2011 年第 2 期。
③ [法]让-马克·索维(Jean-Mare SAUVE):《法国行政法官对规范性行政行为的合法性审查》,张莉译,载《比较法研究》2011 年第 2 期。

的权利侵害的,享有申请权。并非任何人都可以主张法律规范无效,只有认为其主观权利受到侵害的人才能享有申请权。"①但在德国也非绝对排斥直接审查模式。"根据行政法院法第47条规定,在认为法规、命令侵害其权利或者在可预测的时间之内侵害其权利时,任何人都可以申请高级行政法院进行规范审查,以确认法规、命令无效。但是该条规定适用范围有限,只针对州的法规命令,并且限于事实上属于一般行政审判权主观范围内的法规命令,同时限于州法律规定的范围。"②我国台湾地区采用德国的附带审查模式,"该行政命令具体适用于行政处分或其他行政行为后,方得以该行政处分或其他行政行为为标的,提起行政争讼,主张该行政处分或其他行政行为所依据的行政命令为违法。"③

可见,采用何种审查模式,取决于各国自身的法治传统与法治实践需要,故而不可直观地武断其优劣。真正重要的是,这种方式能够达成何种审查效果。

我国新法第53条明确规定了对规范性文件的合法性审查采用附带性审查模式。这一附带性审查模式早已存在于我国《行政复议法》第7条、第26条、第27条规定之中,经《行政复议法》的实践,已累积相当之有益经验。问题存在于,新法第64条

---

① ［德］汉斯·J.沃尔夫、奥托·巴霍夫、罗尔夫·施拖贝尔:《行政法》(第二卷),高家伟译,商务印书馆2002年版,第307页。

② ［德］哈特穆特·毛雷尔:《行政法总论》,高家伟译,法律出版社2000年版,第341页。

③ 翁岳生主编:《行政法》,翰芦图书出版有限公司2000年版,第521页。

对审查结果处理方式的规定。该条规定:"人民法院在审理行政案件中,经审查认为本法第五十三条规定的规范性文件不合法的,不作为认定行政行为合法的依据,并向制定机关提出处理建议。"2015 年《最高人民法院关于适用〈中华人民共和国行政诉讼法〉若干问题的解释》(以下简称《若干解释》)第 21 条规定:"规范性文件不合法的,人民法院不作为认定行政行为合法的依据,并在裁判理由中予以阐明。作出生效裁判的人民法院应当向规范性文件的制定机关提出处理建议,并可以抄送制定机关的同级人民政府或者上一级行政机关。"从新法第 53 条及 2015 年《若干解释》第 21 条规定看,新法第 53 条"仅赋予人民法院的对抽象行政行为合法性的审查判断权、选择适用权与司法建议权,并未赋予法院直接对规范性文件作出是否合法的判决权。"[1]这就使得新法第 53 条规定的对规范性文件附带审查与德国以及我国台湾地区有着根本性的不同,缺乏司法权的权威性装备——判决权。缺少判决既判力的护驾,极端情况下,个案即使被撤销,行政机关重作时依然有可能再次依据"不适用"的规范性文件作出行政行为,更不用说阻止该不合法规范性文件违法性的继续。这与我们于行政诉讼法上增设这一制度的目的完全不相符。

鉴于旧法实施过程中,2000 年《最高人民法院关于执行〈中华人民共和国行政诉讼法〉若干问题的解释》第 62 条以及 2004

---

[1] 赵雪燕:《新行政诉讼法及司法解释案例精解》,人民法院出版社 2015 年版,第 22 页。

年《关于审理行政案件适用法律规范问题的座谈会纪要》①于司法实践中的表现,似乎预示着新法实施后第53条规定所能发挥的实际效果将会存疑。

二、规范性文件制定程序违法的司法审查标准

(一) 司法审查的法律适用标准

1.司法审查的法律(形式)依据

本书第一章第二节中有关规范性文件的制定程序的陈述中已经指出,当前有关规范性文件的制定程序的法律规定,就全国范围看,呈"无序"状态,这种无序集中体现在两个方面:第一,国家层面,正式的法律依据仅有《国家行政机关公文处理办法》,参照性的法律依据为《规章制定程序条例》②,缺少统一的、明确的、专门的关于规范性文件制定程序的法律规定;第二,各地方自主制定的有关规范性文件制定程序条例或规定,内容上千差万别。这就意味着,制定法上,为规范性文件制定程序司法审查设定一个全国统一的法律适用形式依据已是不可能。

在制定法不能提供一个统一的规范性文件制定程序法律

---

① 参见2004年最高人民法院《关于审理行政案件适用法律规范问题的座谈会纪要》,该会谈纪要指出:"人民法院可以在裁判理由中对具体应用解释和其他规范性文件是否合法、有效、合理或适当进行评述。"

② 《规章制定程序条例》第36条规定:"依法不具有规章制定权的县级以上人民政府制定、发布具有普遍约束力的决定、命令,参照本条例规定的程序执行。"

适用形式依据的现状下,人民法院该如何对规范性文件制定程序进行司法审查? 可能的情形如下:第一种,适用规范性文件制定机关所在地的法律规定。目前,全国绝大多数省级人大(包括人大常委会)或政府都有制定本行政区内的规范性文件制定程序法规或规章,因此,在法律适用形式依据上不存在障碍。第二种,参照适用《规章制定程序条例》。这种法律适用,主要指向国务院部门制定的规范性文件以及极少数因未制定规范性文件制定程序法规或规章的地方行政机关所制定的规范性文件。

2."不予适用"的适用标准

(1)制定程序有法律规定的

依规范性文件制定机关所属行政区划及层级判断,当被诉请审查的规范性文件制定程序有法律规定时,人民法院适用该法规定对其制定程序进行合法性审查。就本书所主张的行政程序违法司法审查应适用程序权利与程序越权两个标准而言,程序越权标准适用于规范性文件制定程序的合法性审查于法理上不存在阻碍性因素,且这一标准足以促使规范性文件制定机关遵循规范性文件制定程序中的主要的内部程序规则,疑难的是程序权利标准为何可以适用于规范性文件制定程序的合法性审查。

无论是参照适用的《规章制定程序条例》还是地方人大(包括该人大常委会)制定的有关规范性文件制定程序的法规或规章中,基本上都规定有立项、起草听取意见、专家咨询论证、说明理由(甚至是正式听证)、合法性审查、审议决定、签署、公布程序制度。这些程序制度无不表明,制定机关与社会公众之间、制定机关与参与人之间存在着程序上的权利义务关系。正是公众的程序权利或是参与人的程序权力的实现,担保着立法者设置这些程序制度价值的实现;相反,当这些程序性权利因制定机关未履行其程序义务而未能得以实现,则表明立法者所欲追求的程序制度价值丧失,也即表明规范性文件的制定机关违反了这些程序制度的规定,其制定行为具有了程序上的违法性。人民法院基于新法第64条规定所享有的制定程序合法性审查权,自当可以适用程序权利标准对规范性文件制定程序的合法性进行审查。

(2)制定程序没有法律规定的

未有法律规定规范性文件制定机关应当遵循何种程序时,则参照《规章制定程序条例》中的制定程序规定,这是《规章制定程序条例》第36条规定为规范性文件制定机关设置的制定程序上的法定义务。对于此类规范性文件制定主体的范围,人民法院可以通过对"县级以上人民政府"的扩张性解释,以涵盖所有的未有法律明确规定其于规范性文件制定过程中应具体遵守何种程序的制定机关。但令人困惑的是制定程序上如何参照? 这取决于人们如何理解《规章制定程序条例》整体上为规范性文件制定主体设置了何种程度的必须履行的制定程序上的义务。结合《规章制定程序条例》全文看,该法第二条的规定为所有规章制定主体于规章制定程序中设置了必须履行的制定程序上的义务,对此义务的违反,将直接导致所制定的规章无效。① 因此,笔者认为,《规章制定程序条例》第2条规定所设定的制定程序上的义务即为规范性文件制定程序中制定机关所必须履行的最低程度的程序义务。对此,学界已有类似的看法,"规范性文件的制定程序包括规划、起草、征求意见、审查、通过、公布等阶段。人民法院在审查时,可以参考上述规范性文件的制定程序标准进行审查。"②类似的观点还有,"制定程序是否合法。不同层级的规范性文件,其程序不尽一致。但一般应经过5个主要程序,即计划程序、起草程序、审查程序、发布程序和备案程序。"③

(二) 程序制度功能实现的事实认定标准

规范性文件因其在行政执法中具有特殊地位及其所产生的重大影响,致使对规范性文件制定程序司法审查目的的预设上,不仅体现在对相对人的权利救济,更为重要的目的在于监督行政机关依法行使行政权力,以维护客观法治的秩序。正是这一与行政行为程序司法审查目的重心的不同,反映在程序司法审查强度上,预示着规范性文件制定程序的司法审查强度整体上要严于行政行为程序的司法审查。

---

① 《规章制定程序条例》第2条规定:"规章的立项、起草、审查、决定、公布、解释,适用本条例。违反本条例规定制定的规章无效。"

② 程琥:《新〈行政诉讼法〉中规范性文件附带审查制度研究》,载《法律适用》2015年第7期。

③ 江必新主编:《贯彻〈中华人民共和国行政诉讼法〉专题讲座》,人民法院出版社2015年版,第37页。

1. 司法审查强度

行政诉讼中,对于司法权对行政权的监督程度,人们通常使用司法审查强度一语来表达。所谓司法审查强度,根据学者杨伟东的研究,在法治发达国家及地区的用语上不完全相同,"英美法系国家多用'scope of review'来表示,译为中文为'审查范围',这在英美法系国家的著作及相关涉及司法审查规定的用词即相当明显;但英美法系国家偶尔也用到与'审查强度',相对应的英文'intensiveness of review'一词。对此问题,我国台湾地区更愿意约定俗成使用'审查密度'一词;他们在行政诉讼审查强度方面更多地继受德国行政法的理论和用语,并认为审查密度一词译为德文为'Kontrolldichte',而在日本则多用'审查界限'来表示司法干预行政的程度。"①美国学者威廉·R.安德森(William R.Andersen)在论及司法审查的强度时指出:"审查范围的规则的作用是告知法院应审查行政工作的深度或程度,告知法院对相关问题可以以自己观点替代行政机关看法的自由度。"②德文 Kontrolldichte 一词的含义,"究其内涵乃是指司法审查之程度而言,亦即其所为之探讨的就是司法就审查之范围或程度而言。其所研究对象,即是何者或何部分为司法应审查及决定之范围;何者或何部分为司法不应审查决定或应自制之范围。"③

① 杨伟东:《行政行为司法审查强度研究——行政审判权纵向范围分析》,中国人民大学出版社 2003 年版,第 6 页。

② William R.Andersen, Judicial Review of State Administrative Action-Designing the Statutory Framework, 44, *Administrative Law Review*, Summer 1992, p.547.

③ 张锟盛:《从权力分立论司法对行政行为之审查密度》,台湾中兴大学法律学研究所硕士学位论文 1996 年,第 4 页。

本书借用这个术语意指,在司法审查中,人民法院对行政程序制度功能实现的事实于法律上的认定程度或者说认定标准。因而,就司法权对行政权的监督程度而言,本书中的司法审查强度与行政诉讼的受案范围无关,仅指对行政程序制度运行事实的审查程度。

2.规范性文件制定程序的司法审查强度

规范性文件制定程序合法性审查中涉及的法律适用标准,是纯粹地从立法的角度界定实践中规范性文件制定程序何时合法何时违法的法律标准。就司法的法律适用而言,这没有"裁量"的余地。但是,司法过程并不排除人民法院以法律涵摄事实过程中所享有的对事实认定的司法裁量权,也不可能排除这种司法裁量权,这是由司法过程乃至整个执法过程的性质决定的。因此,司法审查强度对于人民法院在司法审查中认定规范性文件制定程序制度功能的实现程度就有了至关重要的意义。审查强度如何设定?

迄今为止,行政诉讼中,对程序制度运行事实审查最为严格且可行的"审查模式"莫过于美国司法审查中将实质性证据标准、正式听证制度与案卷排他原则组合而成的"三维审查体系"。案卷即为正式听证中的记录。听证记录对行政机关所产生的约束力因制定法的要求不同而存在两种情形:"一种是听证记录对行政机关的决定有一定约束力,行政机关应斟酌听证记录作出行政决定,但行政机关不是必须以听证记录为根据。"另一种是《美国联邦行政程序法》规定的案卷排他性原则,也叫惟一专有记录。所谓案卷排他性原则,指行政机关的决定必须根据案卷作出,不能在案卷之外,以当事人不知道或没有论证的事实作为根据,否则,行政裁决无效。"①对于案卷排他性原则的重要性,美国最高法院大法官 Van Devanter 指出,"制定法所规定的对于没有列入听证记录的证据,一律不得加以考虑的原则必须得到遵守,否则听证的权利就变得毫无意义,如果决定者在作出行政处分时随意背离记录,或者咨询他人作出的事实认定或法律见解,则在听证中提出证据和辩论没有任何价值。"②由此可见,正是案卷排他原则的引入,使得司法审查对行政程序制度功能实现程度的要求得以空前提高并使之富有极高的实效性。

从我国现有的规范性文件制定程序的法律规定看,绝大多数有关规范性文件制定程序的地方性法规或地方性政府规章都未规定正式听证程序中适用案卷排他性原则,例如《山东省行政程序规定》《西安市行政程序规定》等。这就意味着,即便是制定机关依程序法规定于规范性文件制定程序中采用正式听证程序,正式听证记录也很难实质性地影响制定机关的优势裁量权。如果再考虑到我国现实存在的部门利益追求倾向,规范性文件违法"泛滥"就不难得到合理的解释。

基于规范性文件制定程序司法审查的诉讼目的,同时兼顾

---

① 王万华:《行政程序法研究》,中国法制出版社 2000 年版,第 234 页。

② [美]欧内斯特·盖尔霍恩、罗纳德·M.利文:《行政法和行政程序概要》,黄列译,中国社会科学出版社 1996 年版,第 169 页。

行政机关依法行政的效率追求,笔者认为,对程序制度功能实现的法律定性上事实认定标准可以考虑审查强度递增的梯次标准:首先,以实质性证据标准为原则性的认定标准,从而保证除正式听证程序以外的各种规范性文件制定程序制度的功能能够得以合乎制定法预期的实现;其次,以实质性证据标准配合案卷排他原则作为认定正式听证程序制度功能实现程度的标准,以确保正式听证程序的程序价值得以真正实现;再次,对于制定程序"参照"《规章制定程序条例》的,则适用《规章制定程序条例》第2条规定对其进行制定程序的司法审查;最后,以程序越权标准认定规范性文件制定程序的内部程序制度功能实现程度。当然,规范性文件形式上应符合《国家行政机关公文处理办法》的要求,该法对规范性文件形式有特别要求的,从其规定。

三、审理程序

规范性文件实体上的合法性审查,几乎无需原告或制定机关参与,人民法院即可独立的判断。但是规范性文件制定程序的合法性审查却与之大不相同。因为人民法院无法仅从规范性文件的表面形式就可以完整地判断其制定程序是否合法。规范性文件制定程序进行合法性审查应该遵循怎样的审查程序,无论是新法第53条规定还是第64条规定都没有对之作出明确的规定。有学者就规范性文件制定程序合法性审查的审理程序从四个方面进行了细致深入的讨论:(1)请求与受理;(2)管辖法院;(3)当事人;(4)审查方式。①

本书认为,规范性文件制定程序合法性审查中,规范性文件的制定机关可否成为被诉案件的当事人以及具体审理程序中可否采取法庭辩论的审查方式,才是审理程序中的关键性问题。因为:第一,请求与受理阶段,原告的附带审查请求能否得以进入审理程序,事实上取决于被诉行政行为是否归属行政诉讼法的受案范围以及附带审查理由是否成立而定。如果被诉行政行为本身不属于行政诉讼的受案范围,自然也就不存在对规范性文件合法性提起附带审查的问题。第二,法院管辖层级上,规范性文件附带审查的性质决定了其并不具备改变主诉法院管辖层级的必然性法理理由,也就是说,规范性文件合法性审查的法院管辖层级是由主诉决定的。

(一) 制定机关的诉讼地位

新法第53条规定,原告在对行政行为提起诉讼时,认为作为行政行为作出依据的规范性文件不合法,可以一并请求人民法院对该规范性文件的合法性进行审查。从此规定中可以知悉,就一并提起审查的是规范性文件的合法性问题,即规范性文件于法律上的合法性争议问题。那么什么是法律上的争议?学者王名扬在其著作《美国行政法》中有这样的论述:"法院能够

---

① 参见程琥:《新〈行政诉讼法〉中规范性文件附带审查制度研究》,载《法律适用》2015年第7期。

受理原告的申诉,只在原告的申诉是一个案件或一个争端的时候。原告的申诉在什么条件下成为一个案件或一个争端? 只在原告事实上受到损害的时候,他的申诉才会构成一个案件或一个争端。"①同时,"法院是一个解决争端的机构,这是司法权的本质。离开这个限制,法院就可能侵犯行政机关或者国会的职权。"②这一论述表明,法院要审查的只能是法律上的一个争端或一个案件。逻辑上看,既为一个争端,就必有争端各方当事人,起码是双方当事人。那么,规范性文件合法性争端的双方是谁?

规范性文件合法性问题的实质指向,是制定机关制定规范性文件的行为是否合法。也正是在这个意义上,我们讨论规范性文件制定程序的合法性才有了基础和意义。否定规范性文件制定行为这个基础,规范性文件制定程序的合法性审查就不可能成立。就此而言,规范性文件合法性的争端实际上就转化为对规范性文件制定行为合法性争端。如此,规范性文件合法性争端的双方也就明确了,规范性文件合法性争端的本质是指原告与制定机关就规范性文件制定行为是否合法而产生的争议。

规范性文件合法性争议的双方确定,为我们进一步分析规范性文件的制定机关于行政诉讼中理应处于何种诉讼地位提供了可能性的前提。行政诉讼程序中,规范性文件制定机关的诉讼地位只有两种可能,要么是被告(共同被告),要么是第三人。

---

① 王名扬:《美国行政法》,中国法制出版社 2005 年版,第 612 页。
② 王名扬:《美国行政法》,中国法制出版社 2005 年版,第 612—613 页。

由于新法第 53 条规定的是附带审查方式,即原告并不具有直接的对规范性文件合法性提起诉讼的权利,因此,规范性文件制定机关作被告的可能性丧失,剩下的就只有一种可能,制定机关作为第三人参与诉讼。因此,笔者不赞同"作为规范性文件的制定机关也不是行政诉讼案件的第三人,人民法院不得把规范性文件的制定机关列为第三人或者追加为第三人"①的观点。

法律上认定规范性文件制定机关作为行政诉讼第三人,对人民法院顺利推进规范性文件合法性审查有着重要的意义。第一,规范性文件制定机关第三人的诉讼地位决定他受人民法院合法性审查权的拘束,这有利于人民法院调取规范性文件制定过程中的行政记录,制定机关因第三人的诉讼地位也负有此项法定义务。第二,法律认定规范性文件制定机关于诉讼中第三人的诉讼地位,无论是对司法程序正义还是对促使制定机关依法行使规范性文件制定权,都具有不可低估的正面作用。第三,制定机关第三人的诉讼地位,意味着制定机关享有是否出庭的选择权,而不必受新法第 66 条规定的被告必须出庭诉讼条款约束,从而在实践层面实际免去制定机关必须出庭的困扰。

（二）书面审查方式

鉴于对规范性文件制定程序的合法性审查,人民法院事实上只能根据制定规范性文件制定过程中形成的行政记录依法作

---

①　程琥:《新〈行政诉讼法〉中规范性文件附带审查制度研究》,载《法律适用》2015 年第 7 期。

出判断并进行法律定性。因此,除非制定机关积极参与庭审,才有法庭辩论的可能。一般情形下,人民法院只需依据司法审查权向规范性文件制定机关调取被诉规范性文件的制定程序案卷或规范性文件制定机关基于诉讼第三人的法律地位主动提供的制定程序案卷,对规范性文件制定程序进行书面的合法性审查。人民法院针对不同类型程序(内部程序或外部程序),适用各自不同的法律上的程序违法的司法审查标准,依法作出审查结论。

（三）审理程序进行的保障性建议

如何保障人民法院真实有效地对规范性文件制定程序进行合法性审查。这一问题可有如下解决办法:第一,原告在一并提出审查请求之前或最迟在法庭辩论结束前,通过《中华人民共和国政府信息公开条例》所赋予的知情权,申请制定机关公开被诉规范性文件制定过程中所形成的案卷记录,以此作为初始证据并提交人民法院。第二,当原告依法申请公开但制定机关不予公开,原告则可以于诉讼中申请人民法院依职权调取规范性文件制定过程中形成行政记录。如此,人民法院就法定的司法程序上的义务,对原告的主张或申请作出必要的回应。

四、审查后果

（一）"理论上"的审查结果

遵循本书所主张的审查逻辑:首先,人民法院对规范性文件制定程序制度功能实现程度进行法律事实上的判断,即以实质性证据标准,或实质性证据标准配以案卷排他性原则,或《规章制定程序条例》第2条规定,对制定程序制度功能的实现程度进行法律事实上的认定;其次,当其认定符合本书所主张的法律适用标准,即制定机关对其程序义务的违反,符合侵犯程序权利或程序越权时,人民法院判决"撤销",以否决规范性文件制定行为的效力,也即否决规范性文件的法律效力,从而实现立法者设立规范性文件制定程序制度的价值追求。

（二） 第64条规定的审查结果

理论上的审查结果是依据司法审判权运行的通常法理而得出的司法审查结果。司法机关以判决的形式来表达司法权的审查结论,其本身与直接审查模式还是附带审查模式并无直接关联,这为世界各国附带审查的司法实践所证明。但是,新法第64条的规定却改变了这一再正常不过的司法权运行形态。

新法第64条规定:"人民法院在审理行政案件中,经审查认为本法第五十三条规定的规范性文件不合法的,不作为认定行政行为合法的依据,并向制定机关提出处理意见。"此条规定的直接表达是"能审不能判"。因为,如果允许人民法院判决撤销违法的规范性文件,就会产生觊觎"根据宪法,县级以上地方各级人民代表大会常务委员会有权撤销本级人民政府不适当的决定和命令,县级以上各级人民政府有权改变或撤销所属各工作部门和下级人民政府不适当的决定"①的权力,所以,不能赋予人民法院以判决的权力。因此,人民法院对经审查认定不合法的规范性文件,当然包括因制定程序违法而不合法的规定性文件,仅具有"个案中不予适用"的权力,作为"补偿",该条规定同时赋予人民法院司法建议权。

　　行政判决的意义在于行政判决的效力。行政判决的效力是指"行政判决对当事人、法院及其他人所产生的约束力。"②缺少判决效力保障的规范性文件合法性审查还能否实现设定这一审查制度的初衷吗? 人民法院对违法规范性文件不适用撤销判决的形式以否决规范性文件的法律效力,就个案的审查效果而言虽无影响,因为人民法院有选择不予适用的权力。但影响的是无法以判决的效力拘束任何其他行政机关,甚至包括个案中的被告。抛开行政伦理,该行政机关再次适用该违法规范性文件作出行政行为的权力依然存在。至于司法建议权,根据新法第96条第(四)项规定以及2015年《最高人民法院关于适用〈中华人民共和国行政诉讼法〉若干问题的解释》第21条规定,能对违法规范性文件的制定机关产生怎样的实际效果,根本就是个"悬案"。更何况《行政诉讼法》第64条规定的"向制定机关提出处理建议"是否属于司法建议本身也是一个法律属性不明且

---

① 全国人大常委会法制工作委员会行政法室编:《中华人民共和国行政诉讼法解读与适用》,法律出版社2015年版,第145页。
② 马怀德主编:《行政诉讼原理》(第二版),法律出版社2009年版,第407页。

存在争论的问题。①

（三）违法规范性文件与被诉行政行为合法性之间的
关系

行政机关以规范性文件作为被诉行政行为作出的依据，多
数情形下，是因为该行政行为缺乏上位法规定或规定不明。此
种情形，规范性文件制定程序合法性审查有着重要意义，因为规
范性文件制定程序违法可以否决该规范性文件的效力，从而否
决依据该规范性文件所作出的行政行为的效力。

在以附带审查模式对规范性文件进行合法性审查时，逻辑
上可以这样合理推断：因为规范性文件是行政机关作出被诉行
政行为的直接依据，所以行政审判中人民法院会先审查规范性
文件的合法性。被审规范性文件无论是实体违法还是制定程序
违法，都不排除出现这样的情形，规范性文件违法，但是依据该
违法规范性文件作出的行政行为并不违法。之所以会出现这种
貌似不符合逻辑的偏差现象，原因在于：（1）依据《立法法》《行
政诉讼法》以及《关于审理行政案件适用法律规范问题的座谈
会纪要》的相关规定，人民法院审查被诉行政行为合法性的依
据是法律、行政法规、地方性法规、自治条例和单行条例，参照规
章，而不是被诉行政行为作出依据的规范性文件；（2）该规范性

---

① 参见江必新、梁凤云：《新行政诉讼法司法解释理解与适用》，中国法制出版社
2015 年版，第 210 页。

文件制定程序违法;(3)对个案中原告权益的影响并不违反上位法的有关规定。

因此,司法审查实践中,违法规范性文件与被诉行政行为合法性之间会存在两种关系:第一种,规范性文件违法,被诉行政行为因其作出的依据违法而被判决撤销;第二种,规范性文件违法,但违法规范性文件与被诉行政行为之间不存在影响上的关联关系,被诉行政行为合法。

第三节　重大行政决策程序违法的司法审查

一、重大行政决策程序违法司法审查的路径

(一) 司法审查的必要性

1. 保障依法行政与依法治国的顺利推进

2003 年,国务院发布的《全面推进依法行政实施纲要》中指出"要按照'谁决策、谁负责'的原则,建立健全决策责任追究制度,实现决策权和决策责任相统一",并提出"公众参与、专家论证和政府决定相结合的行政决策机制",纲要表明,中央政府开始将行政决策科学化、民主化纳入自己的施政纲领。2008 年发布的《国务院关于加强市县政府依法行政的决定》中,进一步规定对于超越法定权限或违反法定程序的决策行为进行追责,并将"依法决策"规定为行政决策的根本要求。2010 年《国务院关于加强法治政府建设的意见》再次指出:"对违反决策规定、出

现重大决策失误、造成重大损失的,要按照谁决策、谁负责的原则严格追究责任",同时还具体规定了重大行政决策必经"公众参与、专家论证、风险评估、合法性审查和集体讨论决定"等程序步骤。

党的十八届四中全会决定中提出:"健全依法决策机制","建立重大决策终身责任追究制度及责任倒查机制,对决策严重失误或者依法应该及时作出决策但久拖不决造成重大损失、恶劣影响的,严格追究行政首长、负有责任的其他领导人员和相关责任人员的法律责任",从而将重大行政决策纳入依法治国的战略高度。

从中央政府的施政纲领到党的依法治国方略重要组成部分,重大行政决策制度所欲实现的科学决策、民主决策目标的实现,决策程序为决策主体所有效遵守就显得至关重要。司法审查作为实现依法行政、依法治国最为权威性的保障机制,理当涵盖对重大行政决策程序的合法性审查。

2."程序法"实施的内在要求

法律贵在有效实施,但徒法不足以自行。根据《立法法》与《行政诉讼法》的相关规定,规章可为人民法院司法审查中参照适用。换言之,我国在制定法层面,已客观存在着数量众多的重大行政决策程序法律规范。如果这些法律规范不能成为人民法院据以监督行政机关依法行政、遵守法定程序的有力手段,那么这些制定法上的条文也就难逃被"摆设"或"睡眠"的命运。

立法者制定重大决策程序规定必然蕴含着立法者对这些程

序制度所内含的程序性价值的追求,如何才能保障这些程序价值的实现? 作为行政程序重要组成部分的重大行政决策程序,同样遵循一般行政程序制度功能得以实现的法律上的保障机理。即通过法权模式的运行机制担保程序价值的实现,担保程序功能的实际发挥。而司法审查的任务就在于保障行政程序中的法权模式得以顺利运行最为权威的保障手段。因此,无论是就重大行政决策法律规范的有效实施,还是就重大行政决策程序制度功能的实现,或是程序中各方参与主体权利(权力)的实现,行政程序司法审查都理当包括重大行政决策程序的合法性审查。

(二) 重大行政决策行为定性的可能性路径

从行政诉讼的角度考察重大决策程序的司法审查,首先碰触到的前提问题,是重大决策程序本身是通过什么性质的载体形式而能进入行政诉讼合法性审查的范围内。这就是本书所要关注的重大决策行为的性质定性问题。

正如学者所言,"当下关于行政决策法治化的研究,面临一个理论上的难题,即行政决策这一行政活动之类型,因其关涉事项千差万别、性质各异,难以归入到行政法学已然成熟的类型化的特定行政行为之中,而行政法体系在某种程度上即是围绕类型化的行政行为概念体系构建起来的,不能将行政决策做类型化的归属,就无法依循既有的行政法规范体系与行政法理论,探寻行政决策的法治化路径。传统行政行为理论显然无法涵括日渐多样的新型行政活动,也难以有效指导此类新型行政。"①类似的观点还有,"行政法学现有的概念群无法给重大行政决策提供容身之所,它要么只能被作为一个程序性行为加以解释,要么便只能被作为行政立法行为或具体行政行为的替代品加以解释,无论是在概念内涵上,还是在外延上,行政决策都没有独立意义可言。"②这些观点都在向我们提出一个现实的理论上需要正面回应的问题,重大行政决策行为及重大行政决策程序如何进入行政诉讼的范围。

无论是旧法还是新法,行政行为都是我国现行行政诉讼制度得以建立、运行的核心基础。脱离行政行为这个基础性概念的支持,行政诉讼制度的存在就变得无法想象。正如学者所言,"一部法律的发展和完善存在路径依赖的问题,《行政诉讼法》的调整范围是历史上形成的,'行政行为'这个概念是整个行政诉讼法律制度的基石,是整个《行政诉讼法》的'定海神针'。本法规定的受案范围、审查对象、起诉、审理、判决等各个环节无不建构在此基石之上,如果对这个概念进行修改,动摇整个《行政诉讼法》的基石,可谓牵一发而动全身。"③我国行政诉讼制度的构建及其运行的特点决定了它是一个行政行为合法性的制度构造。因此,任何一个欲成为行政诉讼合法性审查的对象都必须

---

① 周叶中:《论重大行政决策问责机制的构建》,载《广东社会科学》2015 年第 2 期。

② 熊樟林:《重大行政决策概念证伪及其补正》,载《中国法学》2015 年第 3 期。

③ 江必新、梁凤云:《新行政诉讼法司法解释理解与适用》,中国法制出版社 2015 年版,第 28 页。

依附于行政行为这个路径。

重大行政决策程序欲成为行政诉讼合法性审查的对象,它该通过什么路径?重大决策程序本身依附重大行政决策行为。没有重大行政决策行为也就无所谓重大行政决策程序。也就是说,如果重大决策程序要想获得自己于行政诉讼中相对独立的地位,那么它可能的路径只能是通过重大行政决策行为这一路径。问题在于,重大决策行为能在行政法学的行政行为理论中找到其相对独立的位置吗?

限于我国行政诉讼法的现实规定,脱离行政诉讼制度的运行基础——行政行为的直接审查或规范性文件的附带审查,而寻觅路径至少不具有实践上的可行性意义。因此,本书以为重大行政决策行为程序的合法性审查有两条路径可行。第一,遵循传统意义上的行政行为理论,以重大行政决策程序运行的结果分类,分别适用诉讼法规定的行政行为直接诉请审查与规范性文件的附带审查。学理上的研究认为,"行政决策就是指做出抽象行政行为和具体行政行为的决定",①"从根本上来说,任何行政行为都会有决策程序,但决策程序本身并不是独立的,决策程序是作为一个过程附带在每一个行政行为之中的,它要么是作出抽象行政行为的决策环节,要么是作出具体行政行为的决策环节。"②因此,从重大行政决策程序运行的结果看,重大行政决策行为最终的法律属性,要么归属规范性文件,要么归属行

---

① 李迎:《行政法视角下的行政决策》,载《行政法学研究》2007年第4期。
② 熊樟林:《重大行政决策概念证伪及其补正》,载《中国法学》2015年第3期。

政行为。对归属行政行为的采用直接起诉的路径；对归属规范性文件的采用附带审查的路径。司法审查中，无论是采用哪种路径，都不会造成人民法院依据法律规定的重大决策程序进行合法性审查机会的丧失。不同的是人民法院对审查结果于个案中的表达方式不同，行政行为适用判决形式，规范性文件适用"不予适用"的方式。第二，对重大行政决策行为进行学理上的抽象，赋予其一种独立的行政行为类型的资格，使其既区别于现有的行政行为类型也区别于规范性文件制定行为。这一路径的难点在于如何限定"重大"事项的范围。已有学者提出通过对重大事项的"定性"与"定量"分析来解决"重大"的不确定性难题。[①]

二、审查标准的特殊性

（一） 审查标准"特殊性"的根据

重大行政决策制定程序在适用对象上有着自己鲜明的特点，即行政决策所涉及事项"重大"。对于何谓重大，不同的学者给出各自不同的理解。有学者认为，重大事项一般具有如下特征：(1)全局性。重大行政决策事项往往是对一定行政区域内经济与社会发展产生综合性、宏观性深远影响的事项。(2)广泛性。第一，影响地域范围广泛；第二，影响行业领域广泛；第

---

① 尹奎杰、王箭：《重大行政决策行为的性质与认定》，载《当代法学》2016 年第 1 期。

三,关涉群体范围广泛。(3)长期性。重大行政决策的执行与落实一般周期较长,其决策效果亦呈现过程性,需要经一定的时间才会显现出来。(4)自由裁量性。重大行政决策因其关涉宏大、涉及范围广泛而导致政府决策者具有巨大的自由裁量空间。① 也有学者认为,对于何谓重大,可以从定性与定量两个角度加以认识。"从定性意义上所指涉的'重大',必定与决策主体所在的空间、时间、利益调整范围或者程度的'重大',必定关涉'公共利益'的'重大'","要确定'重大''量'的范围问题。确定这一问题,关键要从'人、财、时'三个要件着手。"②从学者的论述中可以看出,重大行政决策程序所涉及的事项范围,就特定决策主体所处的行政区域而言,都是攸关该地区"公共利益、公众利益及经济社会发展的重大事项"③。

重大行政决策程序的启动是因其涉及决策对象的特殊性,这才有了对这类事项进行决策时应遵循决策程序上的"特殊"要求。这种"特殊"程序上的要求,或者说"立法者"制定重大行政决策程序法律制度时所寄希望实现的程序上的价值,决定了对重大行政决策行为进行程序上的合法性审查时,势必有着自身的"特殊"要求。

---

① 周叶中:《论重大行政决策问责机制的构建》,载《广东社会科学》2015 年第 2 期。
② 尹奎杰、王箭:《重大行政决策行为的性质与认定》,载《当代法学》2016 年第 1 期。
③ 肖北庚:《行政决策法治化的范围与立法技术》,载《河北法学》第 31 卷第 6 期,2013 年 6 月。

（二）实质性证据标准适用所有主要的程序环节

1.“判决”适用标准上的审查

就纯粹的制定法上的审查标准而言,重大行政决策行为程序上的审查标准或适用行政行为判决适用标准或适用规范性文件制定程序合法性审查标准。

当遵循重大行政决策程序运行的结果归属行政诉讼法上的行政行为时,适用程序权利标准、程序越权标准与“重大且明显”标准。（1）重大行政决策行为程序违法符合“重大且明显”标准的,判决确认无效;（2）符合侵害相对人的程序权利或侵害其他参与主体内部程序上的权力的,判决撤销;（3）重大行政决策行为程序违法,既不符合程序权利标准也不符合程序越权标准的,但对原告实体权利产生实际影响的,判决撤销;（4）其他情形程序违法的,判决确认违法。

当遵循重大行政决策程序运行的结果归属规范性文件时,适用规范性文件制定程序合法性审查标准。即重大行政决策程序违法,侵害各参与主体程序权利或程序上的权力的,人民法院经审查认定并“不予适用”。

2.程序制度功能实现程序法律事实上的认定标准

程序权利或程序上权力的实现皆取决于实践中程序制度功能的实现程度。程序制度功能实现程度的认定是属于法律上的事实认定,即法官以法律上的程序规则涵摄行政程序运行的事实,以对行政程序制度功能是否实现进行法律上的定性。这个法律上的事实认定集中体现着法官适用法律的裁量权。当法官放宽对事实的法律认定标准时,则意味着司法审查的强度较低;当法官对事实认定的法律标准从严时,则表明司法审查的强度较高。就重大行政决策行为程序的合法性审查而言,基于立法者构建重大行政决策程序制度的价值追求以及其所欲实现的目的,笔者认为对重大行政决策行为程序的司法审查理应适用实质性证据标准,且当程序法律规定适用案卷排他原则时适用案卷排他性原则。

需要特别指出的是,考虑到重大行政决策制定行为涉及事项的重要性,因此,对程序制度功能实现程度事实的法律认定应涵盖重大行政决策行为程序的所有主要环节。以《广州市重大行政决策程序规定》为例,该规定第 3 章、第 4 章中规定的行政决策的主要环节有:公众参与、专家咨询、风险评估、合法性审查(决策主体内部)、集体讨论决定等。对程序制度功能实现程度的事实认定标准,实质性证据标准应该涵盖所有这些环节的程序制度,而非仅仅是听取意见程序或正式听证程序。换言之,以实质性证据标准对行政程序制度功能实现程度的事实进行认定,将不仅仅局限于公众参与程序,而是包括专家咨询、风险评估、内部合法性审查、集体讨论等所有主要环节的程序制度,对其事实内容进行实质性审查,即司法机关有权要求作出行政决策机关(包括重大行政决策)提供与上述主要程序制度相对应的报告书或者意见书等行政记录或行政案卷,并对这些报告或意见形成的逻辑推理过程进行深度审查,审查这些报告或意见的作出在逻辑上是否考虑了应当考虑的因素,是否考虑了不相关的因素,是否存在明显的判断错误。

结　语

　　本书之所以选择行政程序违法司法审查的标准作为研究对象,其原因在于:(1)行政程序违法司法审查标准自身意义重大。第一,司法审查标准直接关系到行政程序价值于司法审查中的保护力度。司法审查标准越严,则意味着行政程序价值的保护力度越大,反之则弱。第二,司法审查标准表征着司法权对行政权的监督强度。一般而言,司法审查标准越严,表明司法权对行政权的监督强度越高,反之则低。第三,司法审查标准对行政程序双方当事人而言意义重大。司法审查标准越严,则被诉行政行为被判决撤销的几率越大,相对应的相对人权益获得司法保护的可能性增强。(2)旧法第54条规定的字面含义为司法实践所突破后,行政程序违法司法审查标准为何,学界观点纷呈。"法定程序"的涵义无法取得较为统一的认识;司法实践中,人民法院则以"程序不当"特别是后来的"程序瑕疵",将"法定程序"完全解释成一个任由司法权裁量的概念,行政程序违法司法审查毫无可预测性可言。(3)新法第 74 条增加确认违法判决的规定,本在回应司法实践中对行政效率与程序经济的关注,问题在于该条款的法律含义模糊。也就是说,该条规定延续着旧法实施过程中长期存在的行政程序违法司法审查标准不确定的难题。

本书在尊重新法规定的基础上,充分发掘新法规定的潜在含义,从以下几个方面对行政程序违法司法审查的标准展开研究,以期为新法实施过程中行政程序违法司法审查提供"一组"相对确定的审查标准。

一、本书对新法规定中"多元"判决类型进行研究,通过多元判决类型之间的内在关联关系,指出多元判决类型存在的共同基础——程序违法性。学理上,程序违法性可以分为形式违法性与实质违法性,行政程序实质违法性是指行政程序违法对行政程序价值的损害。如此,在行政程序违法与行政程序价值之间建立了源头上的联系。程序违法性程度为不同判决类型的适用标准指明了研究的方向。

二、本书深入分析论证行政程序价值的实现路径,特别是法律上实现的路径。行政程序价值首先需要经由行政程序法律制度的构建,使之转化为行政程序法上行政主体的程序义务与相对人的程序权利,并通过法权模式的运行得以担保并予以实现。行政程序价值在行政执法实践中即表现为行政程序制度功能的实现,也就是说,实践中行政程序制度功能的实现,表征着行政主体义务的履行、相对人程序权利的实现,表征着行政程序价值的实现。研究结论表明,法权模式上的行政主体程序义务的履行以及相对人的程序权利的实现与实践中行政程序制度功能的实现存在着对应性。这一研究结论清晰地表明,衡量行政程序违法性程度的标准在于行政程序自身的价值,即行政主体对其程序义务的违反以及相对人的程序权利的侵害。

三、本书在行政程序违法性的基础上,提出行政程序违法司法审查标准,程序权利标准、程序越权标准、正当程序原则标准。以程序权利标准作为外部行政程序违法司法审查的标准;以程序越权标准作为内部行政程序违法司法审查标准;以正当程序原则标准作为无法律明确规定时补充性审查标准。

四、基于新法规定将规范性文件的制定行为排除于行政行为之外,但规定对规范性文件可以提起附带审查。所以,本书在充分考虑新法现实规定的基础上,同时结合重大行政决策程序的特殊性,将行政程序违法司法审查对象划分为3个部分:行政行为程序违法的司法审查、规范性文件制定程序违法的司法审查以及重大行政决策程序违法的司法审查。

五、行政程序违法司法审查始终会在法律上的审查与事实上的审查两个维度中往返行进,且这两个维度在司法实践中一般会呈现融合状态。就我国行政程序违法司法审查实践而言,核心难题是法律上的审查标准不明,这是本书的研究重点。但在个案审查中,法律上的审查标准的具体应用必然离不开对行政程序违法事实的认定。所以本书进一步主张借鉴美国司法审查中对事实的认定标准,特别是实质性证据证明标准,以强化人民法院对行政程序违法司法审查的实际审查效果。

　　新法实施已过四年,就笔者对新法实施后行政审判案例的追踪与观察看,在法律上的行政程序违法司法审查标准不明确的前提下,行政程序违法司法审查无论是对行政程序独立价值的维护强度还是对相对人权利的保护力度,其实际效果与人们期望值都存在着相当大的距离。本书的一切努力,只为在现行法规定的框架内更为合理地缩小这个差距。

主要参考文献

一、著作类

1. 王名扬:《美国行政法》,中国法制出版社 2005 年版。

2. 罗豪才:《中国司法审查制度》,北京大学出版社 1993 年版。

3. 应松年、杨小君:《法定行政程序实证研究》,国家行政学院出版社 2005 年版。

4. 应松年主编:《外国行政程序法汇编》,中国法制出版社 1999 年版。

5. 最高人民法院中国应用法学研究所编:《人民法院案例选》(1992—1999 年合订本,行政卷上),中国法制出版社 2000 年版。

6. 国家法官学院、中国人民大学法学院主编:《中国审判案例要览》,中国人民大学出版社 2003 年版。

7. 杜晓智、杜一超、王霁霞编著:《典型行政类改判案例精选》,中国法制出版社 2005 年版。

8. 〔德〕汉斯·J.沃尔夫、奥托·巴霍夫、罗尔夫·施拖贝尔:《行政法》(第二卷),高家伟译,商务印书馆 2002 年版。

9. 〔德〕弗里德赫尔穆·胡芬:《行政诉讼法》(第 5 版),莫光华译,法律出

244

版社 2003 年版。

10. 法务部法律事务司编辑:《行政程序法裁判要旨彙编》,启耀印刷事业有限公司 2004 年版。

11. 黄俊杰:《行政程序法》,元照出版社 2006 年版。

12. 台湾法务部法律事务司编:《行政程序法裁判要旨汇编》(四),2007年版。

13. 台湾法务部法律事务司编:《行政程序法裁判要旨汇编》(五),2009年版。

14. 台湾法务部法律事务司编:《行政程序法裁判要旨汇编》(九),2014年版。

15.《中国行政审判指导案例》(第 3 卷),中国法制出版社 2012 年版。

16. 姜明安主编:《行政法与行政诉讼法》(第五版),北京大学出版社、高等教育出版社 2011 年版。

17. 江必新、邵长茂:《新行政诉讼法修改条文理解与适用》,中国法制出版社 2015 年版。

18. 徐文慧、张成福、孙柏瑛:《行政决策学》,中国人民大学出版社 1997年版。

19. 刘峰、舒绍福:《中外行政决策体制比较》,国家行政学院出版社 2008年版。

20. 蔡小雪、郭修江:《房屋征收案件审理指引》,人民法院出版社 2015年版。

21. 舒国滢、王夏昊、梁迎修等:《法学方法论问题研究》,中国政法大学出版社 2007 年版。

22. [德]卡尔·拉伦茨:《法学方法论》,陈爱娥译,商务印书馆 2003年版。

23. 全国人大常委会法制工作委员会行政法室编著,袁杰主编:《中华人民共和国行政诉讼法解读》,中国法制出版社 2014 年版。

24. 最高人民法院行政审判庭编著,江必新主编:《中华人民共和国行政诉讼法及司法解释条文理解与适用》,人民法院出版社 2015 年版。

25. [德]哈特穆特·毛雷尔:《行政法学总论》,高家伟译,法律出版社

2000 年版。

26. [美]博登海默:《法理学——法哲学与法律方法》,邓正来译,中国政法大学出版社 2004 年版。

27. 章剑生:《现代行政法基本理论》,法律出版社 2008 年版。

28. [德]李斯特:《德国刑法教科书》(修订译本),徐久生译,法律出版社 2006 年版。

29. [美]考默萨:《法律的限度——法治、权利的供给与需求》,申卫星、王琦译,商务印书馆 2007 年版。

30. 倪文杰等主编:《现代汉语辞海:注音、释义、词性、构词、连语》,人民中国出版社 1994 年版。

31.《辞海》,上海辞书出版社 1979 年版。

32. 王万华:《行政程序法研究》,中国法制出版社 2000 年版。

33. 葛洪义主编:《法律学教程》,中国政法大学出版社 2004 年版。

34. [美]汉密尔顿等:《联邦党人文集》,商务印书馆 1980 年版。

35. 徐显明主编:《法理学原理》,中国政法大学出版社 2009 年版。

36. 罗豪才主编:《行政法学》,中国政法大学出版社 1989 年版。

37. 应松年主编:《当代中国行政法》(下卷),中国方正出版社 2004 年版。

38. 张文显主编:《法理学》(第四版),高等教育出版社、北京大学出版社 2011 年版。

39. 翁岳生编:《行政法》(下册),中国法制出版社 2009 年版。

40. 孙国华主编:《法理学教程》,中国人民大学出版社 1994 年版。

41. [英]麦考密克、[澳大利亚]魏因贝尔格:《制度法论》,周叶谦译,中国政法大学出版社 2004 年版。

42. 国家法官学院案例开发研究中心编:《中国法院 2014 年度案例》,中国法制出版社 2014 年版。

43. 中华人民共和国最高人民法院行政庭编:《中国行政审判案例》,中国法制出版社 2011 年版。

44. 中华人民共和国最高人民法院行政庭编:《中国行政审判案例》(第 3 卷),中国法制出版社 2013 年版。

45. 罗豪才、应松年主编:《行政程序法研究》,中国政法大学出版社 1992

年版。

46. 袁杰、童卫东主编:《中华人民共和国行政诉讼法解读》,中国法制出版社 2014 年版。

47. 周永坤:《法理学》(第三版),法律出版社 2010 年版。

48. 季卫东:《法律程序的意义》(增订版),中国法制出版社 2012 年版。

49. 王名扬:《英国行政法》,北京大学出版社 2007 年版。

50. [英]A.W.布拉德利、K.D.尤因:《宪法与行政法》(第 14 版下册),商务印书馆 2008 年版。

51. 哈特:《法律的概念》,张文显等译,中国大百科全书出版社 1996 年版。

52. Michael D.Bayles, Hart's Legal Philosophy: An Examination, Dordrecht: Kluwer Academic Publishers, 1992.

53. [英]戴维·沃克:《牛津法律大辞典》,北京社会与科技发展研究所译,光明日报出版社 1998 年版。

54. 张清波:《理性实践法律——当代德国法之适用理论》,法律出版社 2012 年版。

55. 薛波:《元照英美法词典》,法律出版社 2003 年版。

56. 马怀德主编:《行政诉讼原理》(第二版),法律出版社 2009 年版。

57. 罗豪才、湛中乐主编:《行政法学》,北京大学出版社 1996 年版。

58. 凯尔森:《法与国家的一般理论》,沈宗灵译,中国大百科全书出版社 1996 年版。

59. 胡建淼主编:《行政违法问题探究》,法律出版社 2000 年版。

60. 赵雪燕:《新行政诉讼法及司法解释案例精解》,人民法院出版社 2015 年版。

61. 王名扬:《法国行政法》,北京大学出版社 2007 年版。

62. 江必新主编:《贯彻〈中华人民共和国行政诉讼法〉专题讲座》,人民法院出版社 2015 年版。

63. 杨伟东:《行政行为司法审查强度研究——行政审判权纵向范围分析》,中国人民大学出版社 2003 年版。

64. [美]欧内斯特·盖尔霍恩、罗纳德·M.利文:《行政法和行政程序概要》,黄列译,中国社会科学出版社 1996 年版。

65. 江必新、梁凤云:《新行政诉讼法司法解释理解与适用》,中国法制出版社 2015 年版。

二、期刊文献类

1. 章剑生:《论行政程序违法及其司法审查》,载《行政法学研究》1996 年第 1 期。

2. 饶常林、常健:《行政程序违法的司法审查》,载《云南行政学院学报》2000 年第 6 期。

3. 陈莹莹:《程序瑕疵与程序公正——江苏省工商局处罚南京市煤气公司行政诉讼案评析》,载《法学》2001 年第 7 期。

4. 陈振宇:《"不予撤销的程序违反行为"的司法认定》,载《上海政法学院学报》(法治论丛)第 27 卷第 3 期,2012 年 5 月。

5. 傅玲静:《论德国行政程序法中程序瑕疵理论之建构与发展》,载《行政法研究》2014 年第 1 期。

6. 孟凡壮:《论正当程序原则在行政审判中的适用——基于 75 份运用正当程序原则的行政诉讼判决书的分析》,载《行政法学研究》2014 年第 4 期。

7. 戚建刚:《"第三代"行政程序的学理解读》,载《环球法律评论》2013 年第 5 期。

8. 于立深:《违反行政程序司法审查中的争点问题》,载《中国法学》2010 年第 5 期。

9. 江必新:《行政程序正当性的司法审查》,载《中国社会科学》2012 年第 7 期。

10. 朱新力:《行政滥用职权新定义》,载《法学研究》1994 年第 3 期。

11. 甘文:《WTO 与司法审查的标准》,载《法学研究》2001 年第 4 期。

12. 章剑生:《论行政程序正当性的宪法规范基础:以规范实证分析为视角》,载《法学论坛》2005 年第 4 期。

13. 何海波:《司法判决中的正当程序原则》,载《法学研究》2009 年第 1 期。

14. 章剑生:《对违反法定程序的司法审查——以最高人民法院公布的典

型案件(1985—2008)为例》,载《法学研究》2009 年第 2 期。

15. 杨书军:《规范性文件制定程序立法的现状及完善》,载《行政法学研究》2013 年第 2 期。

16. 熊樟林:《重大行政决策概念证伪及其补正》,载《中国法学》2015 年第 3 期。

17. 李迎:《行政法视角下的行政决策》,载《行政法学研究》2007 年第 4 期。

18. 周实、贾玉娟、张经伟:《论行政决策程序的法制化——(湖南省行政程序规定)的立法模式分析》,载《东北大学学报》(社会科学版)第 13 卷第 1 期。

19. 杨寅、狄馨萍:《我国重大行政决策程序立法实践分析》,载《法学杂志》2011 年第 7 期。

20. 应松年:《社会管理创新要求加强行政决策程序建设》,载《中国法学》2012 年第 2 期。

21. 张旭勇:《权利保护的法治限度——无效行政行为理论与制度的反思》,载《法学》2010 年第 9 期。

22. 王锡锌:《行政行为无效理论与相对人抵抗权探讨》,《法学》2001 年第 10 期。

23. 沈岿:《法治和良知自由——行政行为无效理论及其实践探索》,载《中外法学》2001 年第 4 期。

24. 关保英:《无效行政行为的判定标准研究》,载《河南财经政法大学学报》2012 年第 4 期(总第 132 期)。

25. 黄全:《无效行政行为理论之批判》,载《法学杂志》2010 年第 6 期。

26. 陈兴良:《违法性的中国语境》,载《清华法学》2015 年第 4 期。

27. 张恒山:《"法的价值"概念辨析》,载《中外法学》1999 年第 5 期(总第 65 期)。

28. 李德顺:《价值与"人的价值"辨析》,载《天津社会科学》1994 年第 6 期。

29. 崔卓兰、闫立彬:《行政程序的价值与功能》,载《宪政与行政法治评论》2005 年第 2 期。

30. 章剑生：《行政程序的法律价值分析》，载《法律科学》1994 年第 3 期（总第 55 期）。

31. 王锡锌：《行政程序法价值的定位——兼论行政过程效率与公正的平衡》，载《政法论坛》（中国政法大学学报）1995 年第 3 期。

32. 陈端洪：《法律程序价值观》，载《中外法学》1997 年第 6 期（总第 54 期）。

33. 高树德、宋炉安：《行政程序价值论——兼论程序法与实体法的关系》，载《行政法学研究》1998 年第 4 期。

34. 马怀德：《行政程序法的价值及立法意义》，载《政法论坛》（中国政法大学学报）第 22 卷第 5 期，2004 年 9 月。

35. 周佑勇、李煜兴：《行政程序的价值定位》，载《法学杂志》2002 年第 3 期（总第 132 期）。

36. 周安平：《行政程序法的价值、原则与目标模式》，载《比较法研究》2004 年第 2 期。

37. 关保英：《行政主体的义务范畴研究》，载《法律科学》（西北政法学院学报）2006 年第 1 期。

38. 李牧：《行政主体义务的法律内涵探析》，载《武汉大学学报》（哲学社会科学版）第 64 卷第 4 期，2011 年 7 月。

39. 郭曰君：《论程序权利》，载《郑州大学学报》（社会科学版）第 33 卷第 6 期，2000 年 11 月。

40. 王锡锌：《行政过程中相对人程序性权利研究》，载《中国法学》2001 年第 4 期。

41. 刘鹤：《论行政相对人的程序权利》，载《辽宁行政学院学报》2008 年第 5 期（第 10 卷第 5 期）。

42. 关保英：《论行政相对人的程序权利》，载《社会科学》2009 年第 7 期。

43. 何海波：《内部程序的法律规制》，载《交大法学》2012 年第 1 期。

44. 张淑芳：《论行政执法中内部程序的地位》，载《吉林大学学报》（社会科学版）2008 年第 1 期。

45. 刘东亮：《什么是正当法律程序》，载《中国法学》2010 年第 4 期。

46. 马怀德：《保护公民、法人和其他组织的权益应成为行政诉讼的根本目的》,载《行政法学研究》2012 年第 2 期。

47. 张娟:《论能动司法在我国行政审判中的展开》,载《江淮论坛》2012 年第 4 期。

48. 金伟峰:《我国无效行政行为制度的现状、问题与建构》,载《中国法学》2005 年第 1 期。

49. 沈岿:《法治和良知自由——行政行为无效理论及其实践探索》,载《中外法学》2001 年第 4 期。

50. See Wright,The Courts and the Rulemaking Process:The Limits of Judicial Review,59 Cornell.L Rev.375,391(1974).

51. See National Lime Assn v.EPA,627 F.2d 416,431(D.C.Cir.1980);City of Chicago v.Federal Power Comm'n,458 F.2d 731,741-745(1971);Recording Indus. Assnv.Copyright Royalty Tribunal,662 F.2d 1,8(1981);Weyerhaeuser Co.v.Costle, 590 F.2d1011,1027(1978);Public Citizen v.Steed,733 F.2d 93,103-105(1984).

52. See Matthew J.McGrath:Convergence of the Substantial Evidence and Arbitrary and Capricious Standards of Review during Informal Rulemaking,54 Geo. Wash.I.Rev. 541,543(1986).

53. See Charles H.Koch,Administrative Law and Practice,Chapter 9.System for Allocating Decisionmaking(2011).

54. 凌洋:《行政机关事实认定的司法审查标准——以美国实质性证据标准为视角》,载《宪政与行政法治评论》(第六卷),第 256 页。

55. 程琥:《新〈行政诉讼法〉中规范性文件附带审查制度研究》,载《法律适用》2015 年第 7 期。

56. 张锟盛:《从权力分立论司法对行政行为之审查密度》,台湾中兴大学法律学研究所硕士学位论文 1996 年,第 4 页。

57. 尹奎杰、王箭:《重大行政决策行为的性质与认定》,载《当代法学》2016 年第 1 期。

58. 周叶中:《论重大行政决策问责机制的构建》,载《广东社会科学》2015 年第 2 期。

59. 肖北庚:《行政决策法治化的范围与立法技术》,载《河北法学》第 31 卷第 6 期,2013 年 6 月。